グローバル経済とIT革命

ヨーロッパ左翼の挑戦

柴山健太郎

社会評論社

はじめに

一九八九年の「ベルリンの壁」の崩壊を契機として、二〇世紀社会主義の二つの潮流はそれぞれドラスチックな展開を見せた。コミンテルン潮流を継承するソ連・東欧の現存社会主義は崩壊した。崩壊を免れた中国、ベトナムなどの社会主義諸国も市場社会主義の路線を歩み、第三世界の諸国はソ連型社会主義を近代化のモデルとすることをやめた。もう一方の社会主義インター潮流の主流を占める西欧社会民主主義は生き残った。それだけでなく、いまや欧州社会党（The European Socialist Party）の加盟諸党は、冷戦後の世界経済を支配する日・米・欧の三極構造の一翼を担う欧州連合（EU）一五カ国のうち、スペインを除く四大国を含む一〇カ国で中道左派政権に参加し、EUの主導権を握っている。

本書は、西欧社会民主主義の主流であるイタリア左翼民主党、イギリス労働党、フランス社会党、ドイツ社民党（SPD）などが相次いで政権を獲得し、EUの主導権を握った一九九六年以降に西欧左翼の間に生じたブレア新労働党（ニューレーバー）の「第三の道」をめぐる論争をとりあげている。

「第三の道」をめぐる論争を論じた著書としては、現代イギリスの最も著名な政治学者の一人であるアンソニー・ギデンスが『第三の道』（"The Third Way――The Renewal of Social Democracy）の続編として発刊した『第三の道とその批判』（The Third Way and its Critics）がある。彼は、「第三の道」に対するグローバルな規模での左翼や保守の側からの幾つかの批判に対して反論を展開した。

これに対して本書が扱うのは、ブレアの「第三の道」路線をめぐる欧州社会党を中心とする西欧左翼の論争である。特に『マルキシズム・ツデイ』誌グループを中心とするイギリス左翼の論争が、一九九九年の欧州議会選挙中のブレア・シュレーダー共同声明を契機にSPDの内部論争にまで発展し、ラフォンテーヌ前SPD党首の著書『心臓は左で鼓動する』での公然たるシュレーダー首相批判、さらにジョスパン仏首相のパンフレット『新しい社会主義』によるブレア批判に至る論争の経過と主要な論点を紹介している。この論争は九九年一一月にパリで開かれた社会主義インター第二一回大会の『パリ宣言』で集約された。さらに本年三月のポルトガルのリスボンのEU特別首脳会議で採択された議長総括「情報技術（IT）革命下における社会・経済戦略」では、二〇一〇年までに完全雇用を達成する「新戦略目標」が決定されたが、これはこの論争がEUの具体的政策として結実したものといえよう。

「第三の道」をめぐる西欧左翼の論争の中心は、いうまでもなく西欧社会主義が経済のグローバル化やIT革命をいかに評価し、対応すべきかという点にある。

これには二つの契機があった。一つは一九九七年七月にアジアのタイに発生した通貨・金融危機が瞬く間に東アジア全体からロシア、ラテン・アメリカにまで波及し、日米欧まで巻き込む世界経済危機の様相を呈したことである。この危機の引き金になった東アジアの通貨・金融危機には様々な要因が含まれているにせよ、ヘッジ・ファンドに代表される国際的な投機資本が重要な役割を演じたことは否定できない事実である。

したがって、『マルキシズム・ツデイ』誌のブレア批判の最大の論点もまた、ブレアの「第三の道」が投機的金融資本や多国籍企業に無制限な活動の場を開く経済グローバル化をまるで不可抗力的な自然現象のようなものとして受け入れ、これに対決しようとしないという点にあった。

第二の契機は九九年一月の欧州通貨統合の発足による欧州統一資本市場の形成が起爆剤になって欧州企業が世界的な合併・買収（M&A）の主役に躍り出たことである。

このような嵐のような経済グローバル化の波が、ドイツを始め労使共同決定制度の伝統の根強いEU諸国の労使関係や福祉国家の基盤を揺がし始めており、これにいかに対応するかが西欧社会民主主義にとって当面する最大の政治課題になっているのである。

ギデンズはブレアの「第三の道」論争が瞬く間に全世界的に広がった理由を、提唱者がアメリカ民主党のクリントンやイギリス労働党のブレアなど現在世界経済・政治の主流を構成するアングロサクソン勢力であることを挙げている。だがこの論争が西欧社会民主主義内部から始まって社会主義インター全体の論争にまで発展したことは、前述のような社会的経済的背景があったからである。社会主義インター第二一回大会の『パリ宣言』と決議は、このような経済グローバル化に対する評価とそれに対する社会民主主義の対応に対する共通の認識を示したものといえよう。

現代イギリスを代表する比較欧州史の大家であるドナルド・サッソンは、一九九七年に発刊した大著『社会主義の一〇〇年―二一世紀の西欧左翼』のエピローグで「西欧では、過去一〇〇年の社会主義の主要な成果は資本主義の文明化（civilizinng of capitalism）にある」と述べている。彼はさらに今後の社会主義の最大の問題は社会主義がグローバルな勢力になりうるか否かが、二一世紀にも変革の勢力であり続けるか否かの決定的な要因であると指摘している。

グローバル化とIT革命に対する西欧社会民主主義の挑戦は、いま始まったばかりであり、今後幾多の困難や試練に直面するだろうが、我々がここから学ぶべき点は大きいと思う。

本書は、第一部「『第三の道』論争の背景と論点」、第二部「新しい欧州左翼と社会主義」、資料編「欧州左翼の社会・経済戦略」の三部で構成されている。

第一部ではブレアの「第三の道」に対する批判の論点と、その論争の契機となった経済グローバル化と東アジア経済危機について論じている。第二部は、フェビアン協会から発刊された論文集のパンフレット『新しい欧州左翼』（ドナルド・サッソン、トマス・マイアー、ローランブーベ&フレデリック・ミッシェル、アンネ・マリー・リンドグレン、ヨス・テボイス）と、リオネル・ジョスパンの『現代社会主義』の翻訳である。いずれも現在の西欧社会主義の理論・政策を理解するのに適した論文である。第三部の資料編は、社会主義インター第二一回大会の『パリ宣言』と、本年三月のEU特別首脳会議の会議の議長総括の『情報技術（IT）革命下における経済社会戦略』の全訳である。

本書の発刊にあたりフェビアン協会パンフレットの日本版の翻訳権を快く与えて下さった同協会研究部長のアドリアン・ハーベイ氏（Adrian Harvey）や、翻訳の校閲に協力を頂いた労働運動研究所の国際部の皆さん、EUの労働・社会政策について示唆を与えてくれた妻・柴山恵美子、イギリス労働党や欧州左翼の資料の蒐集にご尽力頂いたノッチンガムシャー州在住の山本光子氏、さらに社会評論社社長の松田健二氏に心から感謝の意を表したい。

二〇〇〇年九月

柴山健太郎

グローバル経済とＩＴ革命
――ヨーロッパ左翼の挑戦――
＊目次

第一部

「第三の道」論争の背景と論点

柴山健太郎

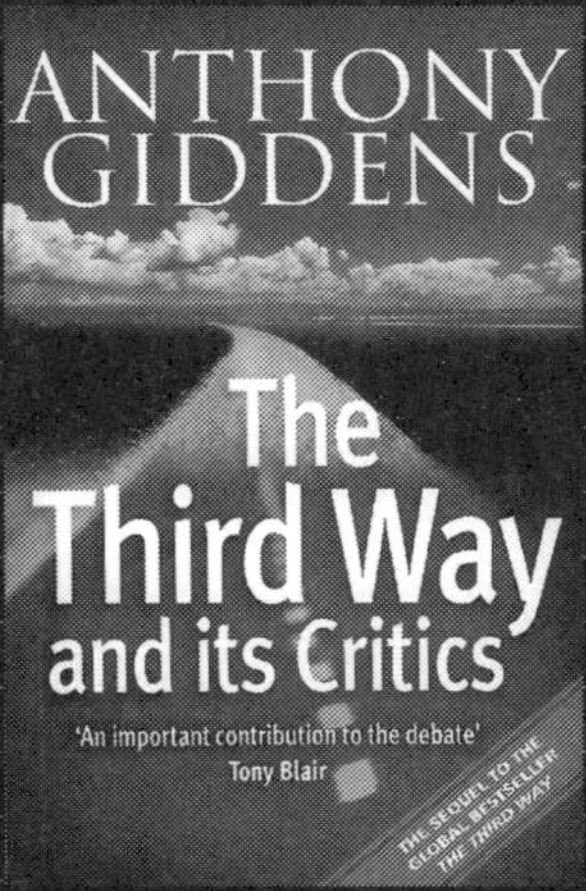

第1章　アジア金融・通貨危機とユーロ市場の形成
——「第三の道」論争の契機——

欧州連合（EU）の主導権を握った欧州社会党

西欧社会民主主義は一九八九年に始まる東欧・ソ連社会主義の崩壊後も生き残った。だが一九九六年三月のスペインのゴンザレス政権の敗北で、欧州連合（EU）の五大国すべてが保守政権になった。しかし、その直後の九六年四月、イタリアに左翼民主党を中心にする中道左派連合によるブローディ政権が発足した。さらに翌九七年五月にイギリスで一八年ぶりに労働党が保守党から政権を奪還してトニー・ブレア政権が生れた。続いて翌六月のフランスの総選挙で左派勢力が勝利してフランス社会党のリオネル・ジョスパンを首相とする中道左派連立政権が生れた。さらに翌九八年一〇月、ドイツにこれも一六年ぶりに社民党がキリスト教民主・社会同盟から政権を奪い、社民党・緑の党連立のシュレーダー政権が成立した。

かくして九六年から二年間に、EU五大国ではスペインを除く四カ国に社会党や中道左派連立政権が生まれ、加盟一五カ国中一三カ国が中道左派政権になり、欧州社会党がEUの主導権を握った。だが九九年六月の欧州議会選挙でフランスを例外として、ドイツ、イギリスを始めとする欧州社会党の多くが敗北し、欧州議会選挙で始めてキリスト教民主党を中心とする保守中道グループに第一党の座を明け渡した。その後もルクセンブルク、オーストリアが新たに保守政権に移行し、中道左派連立政権はベルギーのような保守・社民・緑の党の「虹」連立政権を除くと一〇カ国に減ったが、依然として欧州社会党はEUの主導権を握っている。

欧州左翼内部の路線論争はこのような政治過程の中で発生し、その論争はいまもなお続いている。イギリスの著名な社会学者で、「第三の道」の理論家であるアンソニー・ギデンズは近著『第三の道とその批判』の序文で、次のように述べている。[1]

「『第三の道』が現われたのは、アジア危機が絶頂を過ぎた直後だった。この危機の結果、政治に対する保守思想の支配は消滅した。少なくとも今のところ、殆どいたるところで保守主義は退却している。第三の道の発生は、部分的にはこのような状況に対する反動だが、ある点までは政治の方向を変えることになった。これまで長い間、左翼のエネルギーの多くは新保守主義的な主張に抵抗するか、またはその主張に対して防衛的に左翼思想を再生することに没頭してきた。今やそのエネルギーをもっと積極的な方向に向けることができる。」

ギデンズが述べたように、「第三の道」路線の生れた背景には、九七年七月以降の東アジア通貨・金融危機を契機とした世界経済危機と新保守主義の敗北があり、さらにその基礎には経済の急速なグローバル化があった。欧州左翼内部の「第三の道」をめぐる論争が、このような国際金融危機と経済グローバル化に対する左翼の対応に集中したのは当然なことだった。

欧州社会党内部で「第三の道」をめぐる論争が発生したのは、九七年六月、スウェーデンのマルメで開かれた第三回欧州社会党大会だった。この大会はイギリス、フランスで相次いで左派政権が誕生した直後に開かれたもので、論争の発端はブレア首相によるジョスパン政権の雇用創出政策の批判だった。ブレア首相は労働市場のフレキシブル化による雇用創出を主張し、ジョスパン政権の雇用創出政策を古典的社会主義理論に基づく財政主導型だと批判した。さらにブレアは「第三の道」の正当性を主張し、社会民主主義の「古臭いドグマ」の放棄を要求した。これに対しジョスパン首相は「公的サービスは今後も我々の中心的課題だ。自由市場任せでは、市民社会に対する我々の理想そのものが崩壊してしまう」と真っ向から反論した。

この論争を発端に、欧州左翼内部で「第三の道」をめぐる論争が発展し、九九年一一月にパリで開かれた社会主義インター第二一回大会では、論争を積極的な方向に発展させるために「パリ宣言」が採択された。この「パリ宣言」の作成に際して中心的役割を演じたのはフランス社会党だった。この「パリ」宣言によって、冷戦の崩壊や経済のグローバル化、IT革命に伴う世界政治・経済情勢の激変に対応して、戦後の国際機構や国民国家を改革し、グローバル化を人類の進歩に役立たせるための民主的社会主義のあり方を追求する基本路線の枠組みが合意された。

以下、欧州社会党を中心とする欧州左翼の「第三の道」とグローバル化をめぐる論争の経過と論点を紹介しようと思う。

その前にまずこの論争の基礎になったEU経済の世界経済に占める位置、特に九九年一月の欧州通貨統合以後の世界金融・資本市場やIT革命を原動力とした世界的な企業再編における欧州資本の役割の増大について述べよう。

世界最大の金融・資本市場に成長する「ユーロ圏」

現在、ＥＵは米国、日本とならぶ世界三極構造の一角を占めている。一九九七年のＥＵ一五カ国の国内総生産（ＧＤＰ）は八兆八八一億ドルで、世界のＧＤＰの二七・四％を占め、米国の七兆八二四〇億ドル、二六・五％、日本の四兆一九五一億ドル、一四・二％を抜いて、世界最大のＧＤＰを占めるに至った[2]。

さらに一九九九年一月一日の欧州通貨統合によって、通貨統合第一陣参加一一カ国で形成されたユーロ圏は、すでに米国に比肩する巨大な金融・市場市場に成長した。ユーロ圏の金融・資本市場の規模（債券発行残高、株式時価総額、銀行資産残高の合計）は約二一兆ドルで、米国の金融・資本市場規模の約二三兆ドルに迫り、日本の一六兆ドルを大きく抜いている[3]。

一九九九年に入り、世界的規模で企業の合併・買収（Ｍ＆Ａ）や資本提携が急増し、特に欧州資本の動きが活発化したが、特に二〇〇〇年に入りこの動きは飛躍的に高まった。この背景にはＥＵの通貨統合により域内が一体化し、為替リスクがなくなると同時にユーロ債による資金の調達が容易になったことが挙げられる。

これを二〇〇〇年四月一一日付け『日本経済新聞』は「世界のＭ＆Ａ一兆ドル突破」という見出しで次のように報じている。

「世界で企業の合併・買収（Ｍ＆Ａ）が活発化し、今年一～三月のＭ＆Ａの総額が約一兆五〇〇〇億ドルと四半期としては過去最高を記録した。前年同期比では一・七倍に急増した。経済のグローバル化を背景に国境を越えて規模やシェアを拡大しようとする欧米企業が増えているためで、インターネット時代の覇権をにらんだ世界規模の合従連衡もこの流れに拍車をかけている。

米調査会社のトムソン・ファイナンシャル・セキュリティーズ・データによれば一―三月に発表のあったM&Aの総額は一兆一四七九億ドル。アメリカで五八一三億ドルと同六五%増えたほか、欧州も同四〇%増の三二八二億ドルに達した。規模はまだ小さいもののアジアでも九割強増えるなど全地域で大幅な拡大をみせた。世界的にM&Aが急増しているのは欧州統一市場の誕生などで国際競争が激化し、『巨大化』による生き残りを目指す企業が増えているため。(4)」

このように欧州企業の生き方を一変させ、国境を越えたM&Aや資本提携を活発化させたのは、九九年の欧州通貨統合による巨大なユーロ建て資本市場の登場だった。

最近における欧州企業のM&Aや資本提携の主な実例だけでも、一九九八年五月の独ダイムラーベンツと米クライスラーの合併、九八年一一月のドイツ銀行による米バンカース銀行の合併、九九年三月の仏ルノーと日産の合併、ダイムラークライスラーと三菱自動車との資本提携などが挙げられる。

この動きは二〇〇〇年に入って一挙に加速し、一月には英医薬大手のグラクソ・ウエルカムと同スミスクライン・ビーチャムが合併し、世界最大の医薬品会社が誕生した。さらに同月、世界最大のネットサービス会社の米アメリカ・オンライン(AOL)と米大手メディア企業のタイムワーナーの一八〇〇億ドルを越える史上最大のM&Aが発表された。さらに二月には英ボーダーフォン・エアタッチの独マンネスマン買収、三月の米ゼネラル・モーターズの伊フィアットとの資本提携、四月のルノーの韓国三星の買収などが行なわれた。

米専門調査会社のウエブマージャーズ・ドット・コムの調査では、世界的なM&Aで特に目立つのはインターネット関連のM&Aで、二〇〇〇年一―三月期の合併・買収（M&A）総額は二一二三億ドル（発表ベース）と前年同期の一六倍余りに急拡大したという。件数も二二五件で四・三倍に増加したが、前記のAOLとタイム・ワーナーのM&Aを除いても、前年同期の四・二倍の五五三億ドルと四半期ベースで過去最高だった。ちなみに九九年一年間のネット関連企業のM&Aは四七四億ドル、四六四件と九八年のそれぞれ七・五倍、三・四倍に達したが、今年はさらに一―三月期だけで総額が九九年の四・五倍になったわけで、ネット関連庫業のM&Aが世界的規模でいかにすさまじい勢いで発展しているかが分かる。[5]

こうした欧州の旺盛な資金需要を支えているのが、欧州通貨統合以降の欧州企業の株式発行の急増である。

ユーロ圏の一九九九年の株式発行総額は、一〇七〇億ユーロ（約一〇兆八〇〇〇億円）に達し、初めて一〇〇〇億ユーロの大台に乗せた。九五―九八年平均（五六〇億ユーロ）の二倍近い規模で、このペースは今年に入っても続いている。これは通信ベンチャーなど戦略部門子会社の株式公開が続く一方、ユーロ導入を契機にした増資などによるものである。

英中銀イングランド銀行は最近ユーロ誕生後の金融・資本市場の変化に関する報告書を発表したが、その報告書の企業の株式発行の急増の原因の分析によると、ユーロ圏一一カ国の九九年の新株発行のうち、通信関連が三二％を占めるという。米投資銀行ソロモン・スミスバーニーの調べでは、ユーロ圏の株式発行は二〇〇〇年一―五月累計は四二七億ドル（米ドル換算）に達し、昨年同様の高水準を

ユーロ圏の金融・資本市場規模

（単位：億ドル、％）

	株式時価総額(a)	債券発行残高(b)			銀行資産残高(c)	合計 (a)+(b)+(c)	対GDP比
			公共債	民間債			
ドイツ	5,774	21,781	8,936	12,845	37,524	65,078	269.8
フランス	5,221	14,829	6,817	8,012	29,230	49,279	320.3
イタリア	2,095	16,188	12,220	3,968	15,135	33,418	307.4
スペイン	1,978	3,642	3,016	626	8,402	14,022	250.6
オランダ	3,565	3,874	2,035	1,839	8,080	15,519	392.4
ベルギー	1,050	4,709	3,054	1,655	7,342	13,100	301.0
オーストリア	325	2,116	1,059	1,057	4,577	7,019	301.0
フィンランド	441	1,441	946	495	1,435	3,318	265.5
ポルトガル	184	716	560	156	1,618	2,518	245.1
アイルランド	258	459	385	74	823	1,540	248.6
ルクセンブルク	304	169	10	159	5,550	6,023	3,125.1
EU11か国計	21,194	69,924	39,038	30,886	119,716	210,834	309.8
イギリス	14,077	8,262	4,299	3,963	24,244	46,583	421.5
スウェーデン	1,780	4,182	2,340	1,842	2,028	7,990	346.5
デンマーク	562	3,307	1,421	1,886	1,555	5,424	314,1
ギリシャ	171	1,059	1,001	58	639	1,868	163.4
EU15か国計	37,785	86,734	48,099	38,635	148,180	272,699	323.6
アメリカ	68,576	110,506	67,280	43,226	50,000	229,082	315.8
日本	36,673	53,248	34,477	18,771	73,822	163,743	318.9

注：1. 株式時価総額、債券発行残高は95年、銀行資産残高は94年のデータ。EU15か国の国別データが掲載されているため、最新データではないが各国ごとの特徴の比較が可能。
2. OECDの資料に基づく図表1-11の計数とは必ずしも一致しない。

資料：IMF "International Capital Markets-Developments, Prospectts, and Key Policy Issues"（1997年11月）

地域別・国別の国内総生産(GDP)

	1995		1996		1997	
	億ドル	%	億ドル	%	億ドル	%
日本…………………	51,403	17.9	45,950	16.0	41,951	14.2
アメリカ合衆国……	70,296	24.5	73,881	25.8	78,240	26.5
カナダ……………	5,600	2.0	5,792	2.0	6,077	2.1
西欧…………………	89,008	31.1	90,633	31.6	85,239	28.9
EU(15か国)……	84,351	29.4	86,009	30.0	80,881	27.4
ドイツ………	24,140	8.4	23,535	8.2	20,899	7.1
フランス……	15,351	5.4	15,366	5.4	13,941	4.7
アジア…………1)	27,754	9.7	24,690	8.6	32,284	10.9
NIEs …………2)	9,415	3.3	4,310	1.5	9,957	3.4
ASEAN………3)	5,563	1.9	6,172	2.2	7,516	2.5
中国……………4)	6,976	2.4	8,154	2.8	9,177	3.1
中東…………………	9,270	3.2	10,127	3.5	13,665	4.6
オセアニア………	4,457	1.6	4,915	1.7	4,660	1.6
中南米……………	17,110	6.0	17,728	6.2	20,108	6.8
アフリカ…………	3,861	1.3	3,999	1.4	3,139	1.1
南ア共和国……	1,339	0.5	1,262	0.4	1,291	0.4
C.I.S………………	4,615	1.6	5,498	1.9	5,724	1.9
ロシア…………	3,576	1.2	4,406	1.5	4,431	1.5
東欧…………………	3,243	1.1	3,336	1.2	3,779	1.5
世界計…………	286,617	100.0	286,549	100.0	294,864	100.0

経済企画庁「月刊海外経済データ」(1998年2・5月、99年5月号)による。経済企画庁が、国際機関や各国統計資料を用いて算出したもの。

維持している。ユーロ圏に他の欧州連合諸国やスイスを加えた欧州全体も、九九年は一三八九億ドルと過去最高。米国の普通株発行・新規公開額（九九年、約二四〇〇億ドル）に比べ、欧州はまだ六割程度にとどまるものの、域内企業の競争力強化の支えになっている。

一例を挙げると、情報通信大手では、ドイツテレコムが二〇〇〇年四月にネット接続子会社を新規上場し、仏建設大手ブイグの携帯電話子会社ブイグ・テレコムも三〇億ドル規模の株式公開を予定している。

さらに五月に入り、仏通信最大手のフランステレコムが、世界最大の携帯電話サービス会社の英ボーダーフォン・エアタッチの傘下の英携帯電話三位のオレンジを同社の負債の引受けも含めて総額二六九億ポンド（約四兆三〇四〇億円）で買収した。英ボーダーフォン・エアタッチに対抗して欧州の携帯電話市場への参入を狙うＮＴＴドコモは、五月にオランダの通信最大手ＫＰＮの携帯電話子会社ＫＰＮモバイルへの出資を決め、さらにＫＰＮを介してオレンジやスペインの通信最大手テレフォニカとの合併をめざし最終段階で頓挫したが、携帯電話市場での競争は熾烈を極めている。(6)

銀行では、スペインのサンタンデル・セントラル・イスパノ銀行が中南米の金融機関の買収や資本提携に伴う三五億ユーロの増資を決めるなどスペイン勢の資本増強が目立っている。

さらに注目すべきことは、二〇〇〇年に入りユーロ圏への直接投資が急増していることである。欧州中央銀行がまとめた経常収支統計によると、二〇〇〇年一—三月期のユーロ圏の一一カ国の直接投資の収支は一四九二億ユーロの大幅な入超となったことである。四半期ベースで黒字になったのは、九九年一月の通貨統合以来初めてである。ユーロ圏の景気拡大に伴い、域外企業の事業進出が増えているためで、M&Aに伴う資本流入が顕著なためである。

「欧州中銀によると、三月のユーロ圏の直接投資は二四億ユーロの黒字となり、三カ月連続で入超を記録した。域外の企業がユーロ圏に事業進出する対内直接投資が三五四億ユーロだったのに対し、域内企業がユーロ圏外に投資する対外直接投資は三三〇億ユーロだった。域外企業のユーロ圏への進出は今年一―三月期の対内投資額は二〇六九億ユーロで、九九年の通年実績、七四一億ユーロの三倍近い規模に達している。[7]」

この原因は、英ボーダフォン・エアタッチによる独マンネスマンの吸収合併や、米ゼネラル・モーターズ（GM）とフィアットの資本提携など、特に情報通信や自動車など再編が進む分野で域外の大企業によるM&Aが相次いだためである。

しかし、一九九七年後半以降、世界的規模で企業の大型合併が加速した最大の要因は、九七年七月に東アジア通貨・金融危機に端を発した国際金融不安である。東アジアの通貨・金融危機は、九七年七月のタイのバーツの暴落に端を発し、瞬く間にフィリピン・ペソ、マレーシア・リンギ、インドネシア・ルピアの暴落に波及し、一〇月には台湾ドル、香港ドルの急落、次いでロシア、さらにアルゼンチン、ブラジル、メキシコなどの株価下落を引き起こした。さらに一一月には韓国のウォンの暴落が生じ、韓国政府はIMFから総額五五〇億ドルの緊急支援を受けたが、通貨と株価の下落は止まらず、一二月には完全変動相場制に移行した。

この東アジア通貨・金融危機の原因は、一九八〇年代中頃以降の金融自由化でアメリカ始め先進国に蓄積された膨大な資金がヘッジファンドなどを通じて東アジアに流入し、その多くが株式、不動産などに投資されたことにある。これがこれら諸国のバブル経済を生み出したが、急速な経常収支の赤字拡大による経済先行きに対する不信感から一挙に大量の短期資本が流出したのを契機に危機が発生したのである。だがこの過程でアメリカの多くのヘッジファンドの経営が悪化し、一九九八年九月には大手ヘッジファンドのＬＴＣＭ（ロングターム・キャピタル・メネージメント）の経営危機が表面化し、ニューヨーク連邦準備銀行が仲介して緊急支援を実施する事態になった。二〇〇〇年三月にはやはり大手のタイガーファンドの経営が破綻し、四月にはジョージ・ソロスが主宰する「ソロス・ファンド・マネージメント」の経営危機が表面化した。これはヘッジファンドに投資していた銀行自体の経営を悪化させたが、米バンカメリカ、バンカーズ・トラストなどの買収・合併にもこうした背景があった。

金融の世界的再編成が急速に進んだ要因は、こうした金融自由化、ビッグバンによる国際的な金融不安の土壌が不断に拡大していることである。

それを典型的な形で示しているのが、一九八〇年代中頃以降の金融自由化の発展に伴う国際金融取引と実体経済の取引額の格差の加速的拡大である。

「一九七五年前後では海外為替取引の約八〇％が輸出入、投資などの支払いである実体経済の取引で、残りが投機的取引であった [Prasartset 1998.3]。ところが、ＢＩＳ（国際決済銀行）の海外為替とデリバティブ市場活動に対する中央銀行調査によれば『伝統的』海外取引と店頭為替デリバティブ商品などデリバティブ商品の合計一日当たり取引総額は、八九年四月が五九〇〇億ドル、九五年四月が一兆二八六〇億ドル、一九九八年四月が一兆八五二〇億ドルである [ＢＩＳ1998b]。これに対し世界の年間輸出総額をみると、一九八九年が二兆九九〇〇億ドル、九五年が五兆二六五四億ドル、九七年が五兆六五三一億ドルで、年間輸出額は八九年が為替取引額の五・一日分、九五年が四・一日分、九八年の輸出額を九七年のそれと置き換えると、最近年は三・〇日分となる。実体経済との格差はあまりにも大きい[8]。」

M&Aで危機に直面する労使共同決定制度

経済グローバル化と国際的なM&Aの急速な発展の中で、第二次世界大戦後にドイツを主力とする欧州労働運動が築き上げた従業員・労働組合の経営参加制度は、大きな危機に直面している。

特にドイツの従業員・労働組合の経営参加・共同決定制度は、戦前のワイマール共和国時代の一九二〇年の「経営協議会法」以来の長い伝統を持っている。これは一九三三年、ヒトラー政権によって廃止されたが、戦後のアデナウアー政権により一九五一年に石炭鉄鋼業共同決定法として従業員一〇〇〇名以上の石炭鉄鋼企業に導入された。それが一九五二年の経営組織法により従業員五〇〇名以上二〇〇〇名未満の企業に拡大され、さらに同法の七二年改正で労使共同決定の中枢機関として「経営協議会」を設置されることが制度化された。シュミット社民党政権によって制定された一九七六年共同決定法により、この制度が石炭鉄鋼業だけでなく従業員二〇〇〇名以上の一般企業に拡大され、さらに最高意志決定機関として労資同数の監査役会の設置が制度化された。ただし監査役会での賛否が同数の場合は、会長にさらに一票を与え出資者側の決定力が確保されているが、取締役の任命は監査役の三分の二の賛成が必要であり、従業員が企業の意志決定に大きな力を有している。小規模の企業に適用される経営組織法では、監査役会の構成は出資者側が三分の二以上、従業員側が三分の一で構成され、共同決定といっても対等ではない。

一九九九年一月、独化学大手ヘキストは仏ローヌ・プランとの生命科学部門の合併を合意したが、新会社の本社はドイツの企業統治（コーポレートガバナンス）の根幹をなす「労使共同決定制度」の適用されない仏北東部のストラスブールに決定された。ヘキスト社のユルゲン・ドルマン社長兼最高経営責任者（CEO）は「三年以内に両者の完全合併を実現し『欧州株式会社』を発足したい」と宣言し、「欧州株式会社」の基盤確立には合理的な労資の意志決定システムの構築の重要性を強調し、ドイツ型の「共同決定制度」からの離脱の意思を表明した。これに対し、労組代表としてヘキストの監査役を務めるライナー・クムレーン氏は「労使一体の経営参加からの逃避」と批判し、ヘキスト労資の対立の先鋭化する雲行きと報じられている。

ヘキストと対照的なのが、一九九八年一一月に独ダイムラーと米クライスラーの合併で発足したダイムラークライスラーである。ここはドイツ企業が労使が痛みを分かち合いながら不況時を乗り切ってきたことを「厳しい時期にも機能する従業員参加型の経営」（ユルゲン・シュレンプ共同CEO）と評価、ドイツに本社を置き、全米自動車労組（UAW）や米側株主を加えた新しい監査役会を発足させた。

だがここも合併一年後の業績は売上高、営業利益とも比較的順調だが、中長期的展望が見えないことが嫌気され、株価は低迷し、米国人株主の保有比率は合併当初の約四五%から二〇%台に低下し、旧クライスラーの合併作業の最高責任者だったストールカンプ氏が退任するなど、米独間の経営哲学の対立が今後の「労使共同決定制度」の未来を左右しかねない情勢をはらんでいる。

「今、ドイツ企業の間でニューヨーク証券取引所で株式を公開する機運が高まっている。これもドイツ型経営の変化を促す要因だ。株式交換方式による巨大な合併・買収（M&A）が相次ぐ中で『株式は企業買収の〝通貨〟』（シーメンスのハインリッヒ・フォン・ピエラー）。つまり米国上場は国境を越えたM&Aに参加するための条件整備でもあるわけだ。そしていや応なく、株主重視など米国型経営をドイツ企業の中に持ち込む。

グローバルな競争に直面するドイツの主要企業は、事業売却・整理を通じ国内の雇用を減らしている。労働者の権利回復と雇用創出を第一に掲げたシュレーダー社民政権の誕生は、その反作用と読める。

ただし、ドイツ型の企業統治が及ぶのは国境の内側だけ。ヘキストのドルマン社長が指摘するような『欧州型』の企業統治ができた場合でも、ドイツ流がその基礎になる保証はない。逆に『共同決定法』に守られた独労働者の経営参加権は、時代遅れとして排除される可能性すらある。[9]」

こうしたM&Aによる大規模再編が進行する中で、欧州労連組傘下の労組はほとんど目立った動きを見せず、組織率も低下を続けている。ドイツ労働総同盟（DGB）も東西ドイツ統一後の一九九一年には一二〇〇万人に増えたが失業急増などで九八年には八三〇万人に減少した。青年の組合離れも進み、一時は四割を越えていた組織率も九八年には三二%に低下した。

M&Aに伴うリストラの動きも激化し、一九九八年一月にはオペル労使が賃金の実質的な据置、パート労働雇用の推進など向こう五年間のリストラ策を合意し、二月にはヘキストが二年間で二万人の人員削減方針を決定した。一一月には半導体、鉄道関連子会社などの分離・売却などにより六万人の削減方針を決定した。

またドイツの賃金・労働条件の決定方式である産業別の経営者団体と労働組合の団体交渉による協約方式も、最近の高率賃上げに反発した中小企業家の経営者団体である企業家協会の独経営者団体（BDA）からの脱退の動きで揺れている。

だが欧州の労組の欧州委員会や各国政府への影響力は弱まっていない。欧州のメディアで「ドイツ型経営の破壊」とも言われた前述のイギリスの携帯電話会社、ボーダフォン・エアタッチによる独通信・機械大手マンネスマン買収も一時はシュレーダー政権の介入で暗礁に乗り上げた。それが二〇〇〇年二月に急転直下合併が決定したのも、ボーダフォンが人員削減を避けるなど従業員重視の姿勢を鮮明にしたことでマンネスマン監査役会の従業員代表が賛成に回ったことが決め手になった。

またドイツ自動車メーカー大手のBMWが九四年に買収した経営不振の英自動車メーカー・ローバーの売却を決めた際に、英ブレア政権が雇用確保のために介入したため、BMWが元ローバー社長の率いるフェニックス・グループにわずか一〇ポンド（一七〇〇円）で売却され、工場閉鎖や大量解雇はひとまず回避されたが、設備の老朽化、低生産性に加えてポンド高で赤字は一日三億円といわれ、九九年までの累積赤字は五八〇〇億円に達し依然として困難な局面に直面している。

イギリスのポンド高は他の在英の日米企業の経営をも揺がしており、イギリスよりの撤退と生産拠点を欧州大陸へ移転する動きを加速している。米フォードは二〇〇〇年二月にロンドン東部の生産工場で一四〇〇人の削減、さらに五月に入り乗用車「フィエスタ」の生産中止と従業員一九〇〇人の追加削減を発表した。

こうした動きに対して、欧州労連は、欧州社会党が主導権を握るＥＵを動かし、ＥＵの法律であるＥＣ指令によって労働者の生活と権利を守る動きを強めている。以下、八〇年代後半のＥＣ（現ＥＵ）の労働・社会政策の発展をみてみよう。(10)

欧州統合と労働・社会政策の発展

こうした経済グローバル化に伴う世界的規模での資本統合や企業再編は、ＥＣ（現ＥＵ）の労働・社会政策にも重大な影響をもたらすことになった。ＥＣは一九九二年までに欧州共同体の市場統合を達成することを目標にした「域内市場統合白書」（一九八五年）の発表に続く「単一欧州議定書」の署名（一九八六年）以来、ドロールＥＣ委員長（前仏蔵相・社会党）の指導の下で、「人間の顔をした欧州」「社会的欧州」の建設のために努力してきた。この努力は九二年の「欧州連合条約」（マーストリヒト条約）の署名を経て、九七年のアムステルダム条約（新欧州連合条約）の署名へと加速した。だがその動きと経済グローバル化の動きが真っ向から衝突することになったのである。

ここでＥＣの「域内市場統合白書」の発表以来の、労働・社会政策の発展を簡単に触れておこう。(11)

このような方向選択の特徴は、第一に一九八五年の「域内市場統合白書」で、九二年までに域内のヒト、モノ、カネ、サービスの移動を阻害する物理的障壁（通関手続、パスポートなど）、技術的障壁（商品規格、資格、安全・環境・衛生基準、消費者保護などの制度や規制の違い）、財政的障壁（税制・税率の相違）などの漸次的撤廃という画期的な政策が決定された。

第二に、一九八六年署名の「単一欧州議定書」（ローマ条約の改正）は、ECの社会的側面を重視し、基本的人権、自由、平等、社会正義に基づく民主主義の促進のための協力の強化を強調した。そのためにEC設立条約第一三八条（旧第一一八A条）（労働者の健康と安全）を導入し、この分野に関する理事会の議決方法に従来の「全会一致制」に代わる「特定多数決制」を導入したことである。また第一三九条（旧第一一八B条）（労使協定）を導入し、欧州レベルでの労使対話、政労使協力のための立法手続きが定められた。このECの労働・社会立法の策定に際しては、欧州レベルの民間使用者団体であるUNICE（欧州産業連盟）、公共部門使用者を代表するCEEP（欧州公共センター）、労働組合を代表するETUC（欧州労連）などの「ソーシャル・パートナー」（社会的パートナー）の間の「ソーシャル・ダイアローグ」（社会的対話）と労使協定を基本とする画期的な路線が採択されたことである。

第三に、一九八九年一二月に「労働者の基本的社会権に対する共同体憲章」（EC社会憲章）が採択されたことである。この「EC社会憲章」によって法的に確立された「労働者の基本的社会権」は、①加盟国の労働者の域内の自由移動の権利、②職業の自由選択と公正な賃金の支払、③生活・労働条件の改善、④社会保障等の社会的保護、⑤ECレベルでの労使対話の発展と職業・産業別の契約関係の締結、⑥職業訓練、⑦男女の均等待遇の保障、⑧経営者の労働者に対する情報開示、労働者との協議、経営参加の発展、⑨職場での安全衛生、⑩児童及び青年の保護、⑪高齢者保護、⑫障害者保護など広範にわたっている。

第四に、一九九二年二月、欧州統合をさらに深化させるために欧州連合条約（マーストリヒト条約）が署名されたことである。この条約は九三年一一月に発効したが、重要な点は経済通貨同盟（ＥＭＵ）と政治同盟（ＥＰＵ）にあった。この経済通貨同盟の基本は欧州通貨統合で、九九年までに段階的に通貨統合を達成することにあった。

このマーストリヒト条約で、特に重要なのは労働・社会政策の展開であり、この条約と同時に「社会政策に関する付属議定書」（プロトコール）および協定が採択され、イギリスを除く当時の加盟一一カ国で発効した。

特に「協定」の画期的な重要点は、労働・社会政策に対する特定多数決制分野の拡大と共に欧州レベルの労使の役割の増大である。つまり法案提出権を持つ欧州委員会が労働・社会政策に関する法案を提案する場合には、事前に各案件ごとにＥＵレベルの労使団体――欧州労連（ＥＴＵＣ）、欧州産業連盟（ＵＮＩＣＥ）、欧州公共企業センター（ＣＥＥＰ）――と協議することが義務づけられた。さらに法令改正手続きの改正がある。これまでは社会政策に関する派生法の採択は安全衛生分野以外は、理事会での全会一致が原則だったが、特定多数決で採択できる分野を拡大し、安全衛生、労働条件、労働者への情報提供、協議・参加、男女機会均等なども採択できるようになった。

続いて一九九四年九月二二日、労働関係法で初めて労働者参加を規定した画期的な欧州労使協議会（European Works Council-EWC）指令が採択された。この指令は七三年に初めて「フレデリング案」として提案されてから、日米の多国籍企業に後押しされた英国の猛烈な反対で難航し、採択までに二〇年を要したといういわくつきの指令だったが、八九年の「ＥＣ社会憲章」の採択を契機に立法化が進み、難産の末に成立したものである。

この指令の目的は、ＥＵ加盟国内部で操業する国外に本社を持つ企業・子会社などが加盟国の政府や働く労働者や労働組合には何の協議もなく、閉鎖や国外移転や大量解雇などの社会的に重大な影響を持つ決定を行なうことを阻止するためである。この指令の対象企業は、ＥＵ域内で一〇〇〇人以上の従業員を雇用し、なおかつ二つ以上の加盟国でそれぞれ一五〇人以上の従業員を雇用する企業（約一二〇〇社）である。対象企業の「中央経営組織」（経営代表）は、欧州従業員代表委員会と従業員代表情報提供と協議が義務づけられることになった。

一九九五年に採択された「欧州社会政策に関する行動計画（九五年―九七年）」は、八九年の「ＥＣ社会憲章」に継続する計画で、「競争能力ある欧州の一環としての高水準の労働基準の達成」の項目において、「パートタイム労働・派遣労働の条件改善」、「労働時間」、「安全と健康」、「男女機会均等」などの施策への取組みの強化が明記された。

一九九〇年代後半の主な指令は次のとおりである。

一九九六年・社会保障制度における均等待遇原則の実施に関する指令（一九八六年）を改正する理事会指令

・ＵＮＩＥＣＥ（欧州産業連盟）、ＣＥＥＰ（欧州公共企業センター）及びＥＴＵＣ（欧州労連）によって締結された両親育児休暇の枠組み協約に関する理事会指令一九九七年・九四年のＥＣ欧州従業員代表委員会（ＥＷＣ）に関する理事会指令、九六年の育児両親休暇指令を英国及びアイルランドに拡大する理事会指令
・性差別訴訟における挙証責任に関する理事会指令
・ＵＮＩＥＣＥ、ＣＥＥＰ、ＥＴＵＣによって締結されたパートタイム労働についての枠組み協定に関する理事会指令
一九九八年・九七年のパートタイム労働に関する指令をイギリス及びアイルランドに拡大する理事会指令
一九九九年・有期雇用についての枠組み協定に関する理事会指令

さらにＥＵの労働・社会政策を具体的に発展させたのが、九七年一〇月に署名された「アムステルダム条約」と併せて採択された「成長と雇用に関する決議」に基づく雇用政策の展開である。本来、この「アムステルダム条約」の主目的は、通貨統合後の欧州単一通貨「ユーロ」を強い通貨にするため、通貨統合参加国に厳しい財政規律を課する財政安定協定の締結にあった。だがフランスのジョスパン政権の強い主張で雇用政策をＥＵの最優先課題とする「成長と雇用に関する決議」が併せて採択されたのである[12]。

この決議は、雇用政策の三つの柱を打ち出した。その第一は、高度技術開発、中小企業の技術革新計画、教育、健康、環境、社会基盤整備などへの欧州投資銀行（ＥＩＢ）の運用である。第二は二〇〇二年に条約期限が切れる欧州石炭鉄鋼共同体（ＥＣＳＣ）の研究開発費を雇用促進に充てることで

あり、第三は九七年秋にルクセンブルクでEU「雇用サミット」を開催することであった。

この決議に基づき、九七年一一月にルクセンブルクで臨時「雇用サミット」が開かれ、欧州委員会は「雇用のためのガイドライン」を提出し、各国が雇用創出と職業訓練に力をいれ、今後五年間に一二〇〇万人の雇用を創出し、失業率を七%まで引き下げ、一年以上の長期失業者と青年失業者を半減することを提案した。

このガイドラインの柱は、雇用創出、失業者への職業訓練、労使協力、機会均等の四つである。第一の雇用創出の中心は欧州の雇用の大半を占める中小企業の振興対策で、ガイドラインは「この分野での成長を促進しなければならない」として欧州投資銀行などを通じた資金援助と中小企業の賃金以外の労働コスト負担を削減することを目指している。第二の職業訓練では、失業者が職業訓練や教育を受けられる体制を整備し、五年以内に失業者の二五%に職業訓練を提供する(九六年＝一〇%)。第三の雇用創出のための労使協力は、時代に適応した労働形態や労働時間、労働条件を資本、労組と欧州委員会が協力して採用する(この政労使の協議は育児両親休暇やパートタイム指令などでも行なわれている)。第四の機会均等では、労働市場での女性の重要性を強調し、失業率が男性より三%も高い女性の職場進出を促進し、失業率の格差を五年以内に半分にすることである。

雇用サミットの討議はこのガイドラインを受けて進められ、議長国のユンケル首相は構造改革を通じて雇用拡大を図る議長案をまとめ、職業訓練強化などを通じた労働力の質の向上、社会保障負担の軽減などによる企業の雇用意欲の促進、男女雇用機会均等の徹底による女性の就労機会拡大など一九項目を指針として決定した。これに基づき、加盟国はそれぞれ行動計画を毎年欧州委員会に提出し、

ＥＵ閣僚理事会が実施状況を監視することになった。

さらに二〇〇〇年三月にポルトガルのリスボンで開かれたＥＵ特別首脳会議は、二〇一〇年までに完全雇用を達成する「新戦略目標」を盛込んだ議長総括「雇用、経済改革、社会的団結」を採択し、ルクセンブルクのガイドラインをさらに発展させた[13]。

一九九〇年代半ばまでは一一％を越えていたＥＵ諸国の失業率は、二〇〇〇年一月時点では八・八％まで改善したもののまだ一五〇〇万人以上の失業者がいる。ＥＵ「新戦略目標」ではこのように深刻な失業率の大幅引き下げを達成するために、短期、中期、長期の達成目標を明記したガイドラインを定め、各国ごとに目標値を定めてこのガイドラインを国内政策や予算に反映させることをうたっている。

当面、失業中または失業の危機にさらされている青年、女性、成年労働者の労働環境を整備し、一五～六五歳の就業率を現在の六一％から七〇％近くまで引上げる。特に女性の就業率を現在の六一％から七〇％近くまで引上げ、働く意欲と能力があれば必ず就職できるようにすることをめざすとしている。

そのためにＥＵは、①年内に地域通信市場の自由化の達成、②電力、ガス、水道、郵便、鉄道、交通などの自由化によるビジネス・コストの引き下げ、③金融市場改革や税制改革でベンチャー企業の創業を促し、情報・通信分野で雇用を創出、④教育分野では二〇〇一年までに加盟諸国の全校をインターネットで接続し、二〇〇二年には全教師に技術を習得させる、⑤情報教育や職業訓練で「就業能力」を高めるなどの措置で徹底した経済・社会改革に取組むなどの政策を打ち出している。

[注]

(1) Anthony Giddens"The Third Way and its Critics"

(2) 『一九九九／二〇〇〇世界国勢図会』（国勢社、一九九九年刊）

(3) 小林博・中沢靖史「新通貨『ユーロ』の始動」（経済法令研究会、一九九九年刊）

(4) 『日本経済新聞』二〇〇〇年四月一一日号

(5) 『日本経済新聞』二〇〇〇年五月一五日号

(6) 『日本経済新聞』二〇〇〇年五月三一日号

(7) 『日本経済新聞』二〇〇〇年六月三日号

(8) 平川均『東アジア通貨・経済危機と世界経済』（下）（『労働法律旬報』一九九九年五月一〇日号）

(9) 『日本経済新聞』九九年一二月七日号

(10) 柴山恵美子「序章　各国企業の働く女性」（柴山恵美子・藤井治枝・渡辺峻編著『各国企業の働く女たち』、ミネルヴァ書房、二〇〇〇年刊）

(11) 柴山恵美子「ＥＵのパートタイム労働に関する指令」（国際交流基金編『女性のパートタイム労働ー日本とヨーロッパの現状』、一九九九年刊）

(12) 旧ＥＣ（欧州共同体）は、ＥＣＳＣ（欧州石炭鉄鋼共同体、一九五一年調印）、ＥＥＣ（欧州経済共同体、一九五七年調印）、ＥＵＲＡＴＯＭ（欧州原子力共同体、一九五七年調印）の三共同体を統一して、一九六七年に発足した。その後、一九九二年のマーストリヒト条約で旧ＥＣはＥＵ（欧州連合）と改称され、同時に三共同体の一つのＥＥＣ（欧州経済共同体）はＥＣ（欧州共同体）と改称された。これは「経済的側面」だけでなく「社会的側面」を重視するＥＣの政策転換に対応するものである。ＥＵの労働・社会政策条項は、「ＥＣ設立条約」によって規定されている。

(13) Pesidency Conclusions: "Employment, Economic Reform and Social Cohesion" (Lisbon European Council, 23. nd 24. March 2000)

第2章　経済のグローバル化と「第三の道」論争の展開

一九九七年以降、欧州連合内で中道左派政権が主導権を確立する過程で、ブレア英労働党首が提唱する「第三の道」路線をめぐり、欧州社会党内部で論争が発生した。この論争の口火を切ったのが、前述の一九九七年六月のスウェーデンのマルメで開かれた第三回欧州社会党大会におけるブレア、ジョスパン論争だった。

ブレアは九七年五月にフェビアン協会から発行したパンフレット『第三の道——新しい世紀のための新しい政策』でこの理論をより詳しく展開した。

このブレア理論を集中的に批判したのが、イギリス共産党のエリック・ホブズボウムを先頭にニューレフト、労働党左派系の理論家が一九九八年秋に臨時再刊した『マルキシズム・ツデイ』誌のブレア新労働党批判特集号だった。

この論争は、一九九九年六月の欧州議会選挙の終盤戦にブレア首相とシュレーダー独首相（ドイツ社民党党首）が発表した共同声明「欧州・第三の道／新中道」の発表を契機に、ドイツ社民党（SPD）の党内論争にまで発展した。さらに九九年三月に辞任したオスカー・ラフォンテーヌ前蔵相・前SPD党首が九九年一〇月に発刊した著書『心臓は左で鼓動する』は、この論争の火に油を注ぐ役割を果した。

これと前後して発表されたジョスパン仏首相（フランス社会党党首）のパンフレット『新しい社会主義』は、西欧における社会主義モデルの多様性を挙げてブレアの「第三の道」理論を批判した。またSPDの理論家トマス・マイヤーは「ゴーデスベルクから『新しい中道（ノイエ・ミッテ）』へ——ドイツにおける新しい社会民主主義」という論文で、ブレアの「第三の道」を「新しい修正主義」と規定し、「グローバル化への対応の産物」としてその有効性を認めながらも、この方式の「ドイツ・モデル」を創出する必要性を強調して、シュレーダーの「ノイエ・ミッテ」路線にも注文をつけている。

ドナルド・サッソンは、こうした欧州社会党内部の論争を総括し、一九九九年一一月にフェビアン協会の共著パンフレット『新しい欧州左翼』に掲載した論文「欧州左翼の収斂、継続性と変化」と題する論文で「ブレアは穏健主義者で、ジョスパンはラディカリスト」というマスコミの評価を「論争のカリカチュア化だ」と批判した。サッソンは、両者の見解は「相違点よりも共通点のほうが大きい」と指摘し、さらに「欧州左翼が今ほど統一し、団結し、均質的だったことはない」と述べている。

九九年一一月八日から三日間、パリで開催された社会主義インター第二一回大会で採択された『パリ宣言』は、フランス社会党グループを中心にこの論争を積極的な方向に発展させるために、グローバル化と国民国家の役割に焦点を当てて、グローバル化を人類の進歩に役立たせる民主的社会主義の対応のあり方を追求した。

この社会主義インター大会の終了した直後の一一月二〇日、二一両日、イタリアのフィレンツェで欧州大学と米ニューヨーク大学の共催でシンポジウム「二一世紀のための進歩的統治」が開催された。

これに参加したのは、ブレア英首相、シュレーダー独首相、ダレーマ伊首相、ジョスパン仏首相、欧州委員会のプローディ委員長、カルドゾ・ブラジル大統領、クリントン米大統領などで、「二一世紀、進歩主義」勢力の方針を導き出すための「新しい経済＝平等と機会」と「二一世紀の民主主義＝価値、権利、責任」をテーマに論議が行なわれた。

二〇〇〇年三月二三～二四両日、ポルトガルのリスボンで開催されたＥＵ首脳会議は、ブレア英首相とアスナール・スペイン首相の主導下でＩＴ革命下で二〇一〇年までに完全雇用を達成する「新戦略目標」を決定した。

さらに二〇〇〇年六月二日、ベルリンでシュレーダー独首相の呼びかけで、フイレンツェ会議の出席者に新たにニュージーランド労働党政権首脳や南アフリカのムベキ大統領などを加え、世界一四カ国の中道左派政権首脳を集めて「二一世紀の近代的統治」をテーマに「中道左派サミット」が開催された。このベルリン・サミットは「グローバル化した金融市場の制度的枠組みの改革」などをうたった最終コミュニケを採択して閉幕した。

三年にわたる欧州社会党を中心とする欧州左翼の「第三の道」をめぐる論争は、嵐のようなグローバル化の発展の中で「人間の顔をした欧州統合」の深化・拡大を目指して新しい路線を練り上げつつある。以下、この論争の発展を追ってみよう。

「第三の道」とは何か

ブレアは、一九九八年九月にイギリス労働党のもっとも伝統あるシンク・タンクのフェビアン協会の『フェビアン・パンフレット』に『第三の道——新しい世紀のための新しい政治活動』という論文を発表し、新しい労働党の政治理念を展開した。(1)

この論文でブレアは、次のように述べている。

「第三の道とは、現代版の社会民主主義を意味する。社会正義など中道左派の諸目標を情熱的に維持しながらも、これを実現する方法の点では、柔軟性があり、創意性があり、前向きである。第三の道が基盤としている価値観は、過去一世紀以上にわたり進歩的な政治活動の指針であった民主主義、自由、正義、相互の義務、国際主義である。『第三の道』である理由は、旧左翼(old left)や新保守主義(new right)が決定的に乗り越えられているからである。前者は国家統制、高い税金、労働者の利益擁護に専心し、後者は公共投資、時には『社会』とか集団的な努力という考え方自体を許容できない『悪事』と決めつけている。」

「第三の道とは、保守と左翼を妥協させる試みではない。それは世界情勢が一変した中での伝統的価値観とは何かということに関するものである。さらに第三の道の活力源は、『中道左派思想』の二大潮流(民主的社会主義とリベラリズム)の団結にある。今世紀、この分裂が西側諸国の進歩的な政治運動に大きな打撃を与えた。リベラリストは市場経済の下での個人の自由こそ最優先課題だと主張した。社会民主主義者は国家主導によって社会正義を促進した。この二潮流は必ずしも対立するものではない。現在、両派とも国家権力とは、我々の目標を達成する一つの手段であって、唯一の手段ではないし、権力自体が目的ではないとはっきり主張している。」

「この点で第三の道は、左翼『内部』の第三の道でもある。左翼内部での論争は、今日まで、二つの派で闘われてきた。左翼原理主義者は、国有化と国家統制を自己目的としており、イデオロギーによって政策を選択するという硬直的路線を取っている。かってラジカリズムか否か判断基準は公有化や公共支出の度合いであった。これに反対する穏健左翼は多くの場合、左翼原理主義の基本路線を受け入れながらも、その速度を緩やかにするよう反論するか、あるいは理念の世界を無視した。修正主義者も左翼の方針を周期的に変えようとしたが、その成果はわずかだった。第三の道は、社会民主主義を抜本的に再評価し、左翼の価値観そのものにまで深く踏み込み、全く新しい方法論を開発している。」

「一〇年前、保守は西側の民主主義国家では政権を独占していた。米国、欧州、北欧で保守が政権にあり、難攻不落に見えた。今日ではこの状況は一変している。欧州連合の殆どの国で中道左派が政権をとっている。我々は能率をどう上げるか、何を選択すべきか、とりわけ公共企業で教訓を学んできたので、こう断言できる。『保守は社会の上下の二極化、犯罪の増大、教育の荒廃、低い労働生産性や経済成長などの問題に対する解決策は持っていない』と。だが左翼は、孤立主義、国有化、官僚主義、『税金と歳出の増大』という昔の政策には戻っていない。欧州のどの国でも、社会民主党政権は福祉国家の改革を率先実行し、社会的排除と取組み、経済界を新しいパートナーに引き入れ、長期かつ安定した投資のための強固な経済基盤を確立しつつある。」

ブレアはさらに、中道左派の土台である中心的価値観について述べ、「我々の使命は、万人の自由と潜在能力を最大限に発揮させる公正な社会にとって必要不可欠な四つの価値（平等な価値、すべての人々のための機会の均等、責任、共同体）を促進し、調和させることである」と主張し、次のように述べている。

①「平等な価値」

社会主義の土台は、各個人がその出身背景、身体能力、信条、人種に関係なく、平等な価値を有するという原理である。特に機会の均等こそ、新しい政治における中心的な価値である。……最悪の場合、左翼は抽象的な平等という名の下に、機会を抑圧してきた。ひどい不平等の状況が世代から世代に受け継がれているし、進歩的左翼は本当の機会均等の実現を妨げる障害を取り除くために、精力的に取り組まねばならない。

②すべての人々のための機会均等

労働党の新しい規約は、富、権力、機会を最大限に分散させるために努力すると定めている。特に機会の均等こそ新しい政治における中心的価値である。だが左翼はこのことをあまりにも軽視し、最悪の場合には抽象的な平等の名の下に、機会を抑圧してきた。進歩的左翼は、本当の機会の均等の実現を妨げる障害を取り除くために精力的に取組まねばならない。

③責任

あまりにも長い間、国家に対する権利要求は個人や企業側における市民の義務、相互責任を果たすことと切り離されてきた。……我々の享受する権利は、我々の負う義務の反映でもある。権利と機会は、義務のない場合、利己心と貪欲の原動力となってしまう。

④共同体

左翼原理主義者の二〇世紀の悲惨な誤りは、国家が市民社会に代替できるし、それで自由を拡大できると信じたことであった。新保守主義者は、逆の道を過激に進み、「自由」のために、国家の基本的活動をすべて売り飛ばすよう主張した。最大多数の自由のためには強力な国家が必要だというのは真理だ。進歩的な政治が当面する最大の課題は、国家を実力ある機関として利用して、共同体やボランティア団体を守り、市民の新しい市民の新しい要求に応えられるよう、これらの団体の発展を奨励することである。

これがブレアの「第三の道」の基礎をなす価値観である。だがその政策について彼は「我々の方法論は、『永続的な修正主義』である。我々の目標を実現するために、絶えずよりよい手段を探究するし、その根底には先進工業社会で現在起こっている変化に対する明確な認識がある」と主張し、次のように述べている。

「この五〇年間、イギリスなどの欧米民主主義国家の政治を支配したのは、ネオ・リベラリズム＊と中央集権国家色の強い社会民主主義の二大潮流である。……イギリスは両潮流の絶頂期をともに経験した。」

「一九四五年の労働党政権は戦時の条件、戦前の不況や貧困という遺産を受け継いだ。政府は選挙での地滑り的勝利、幅広い世論の支持によって、産業を国有化し、重要を管理し、経済活動を指令し、医療や社会サービスを未曾有の規模で拡大した。こうした政策は着実に高度成長を達成し、成長の成果をより公正に配分した。しかも雇用保証、大企業、低い失業率、かなり閉鎖的な国民経済、安定した家族に支えられた地域共同体という新しい世界にうまく対応していた。」

「だが一九七〇年代になると、戦後の社会民主主義は次第に有効性を失っていった。国民保険制度、多くの福祉制度は依然として非常に優れた成果であり、豊かでない人々に高い質の生活を保障する点で、高いコスト効果を挙げ、革新的でもあった。今でもそうである。だが需要管理、高水準の国有、国家指令経済は競争が激しくなり、海外からの衝撃を受け、産業技術も変化するという新しい世界では、成長を促進し、失業を封じ込めるという点で、ますます非効果的になった。社会民主主義はこれに対応するのに、あまりにも非弾力的であった。とりわけ、公共サービスの提供という点で、あまりにも非効率、低品質であった。教育、電話通信、その他の独占的な公共料金部門ではひどかった。」

「八〇年代初めになると、新保守主義はサッチャー政権という形で深く定着した。その改革のいくつかは、今から回顧すると、近代化のための必要な措置でもあった。とくに国有産業の多くは改革と競争力をもつ必要に迫られていた。しかし、その他の公有部門には全く無関心であり、基本的な国家サービス部門、特に教育、医療は打撃を受けた。担当の閣僚は、国の競争力と自己改善を説教しただけだった。一方、こうした傾向にどう対抗していくかをめぐって、左翼のなかで深刻な分裂が起こった。」

「九〇年代の半ばになると、労働党内の論争が再び始まった。しかしその結論は、国家色の強い社会民主主義モデルへの復帰ではなく、新保守主義のドグマが国民の団結にとって深刻な脅威になったという認識であった。あまりにも多くの人々が被害を受け、多くの会社が赤字を出し、多くの公共サービスが放置され、多くの自治体が存立の危機にさらされた。犯罪、失業、社会的排除が増大したからである。

しかもこうした現象が悪化しているのに、保守はますます鈍感になり、行動を起こさず、その自由放任イデオロギーの崩壊を恐れて、教育や社会的排除のような基本的分野での行動を『起こさない』という態度を変えなかった。経済や社会の変化が決定要因となって、保守を政権につかせ、また政権を失わせた。第三の道の最大の課題は、こうした変化に真正面から取組み、解決することである。」

（訳注　ネオ・リベラリズムとは、自由市場資本主義を選好する新しい型の自由主義をいう。）

ブレア労働党の「第三の道」をめぐるイギリス左翼の論争
――ブレア政権批判を特集した『マルキシズム・ツデイ』誌特別号(2)――

欧州左翼の先進的な理論誌として知られたイギリスの『マルキシズム・ツディ』誌は一九九一年に停刊されたが、一九九八年秋に一回限りの一一月／一二月特集号が発行された。この特集号は、編集責任者のマーティン・ジャックが述べているように、ブレア労働党政権批判特集号である。したがって本号にはイギリス共産党、労働党、ニューレフト系の代表的な左翼理論家二八人が寄稿しているが、ただ一人を除き論文はすべてブレアの新労働党（ニュー・レーバー）路線批判、つまり「サッチャリズム路線の継承」、「第三の道」、資本主義の危機とグローバル化への対応――などの批判論文で埋め尽くされている。ブレア路線を支持しているのは、ブレア政権の顧問のジェオフ・ムルガンの論文だけである。そこでここではこの特集号の主要論文のマーチン・ジャック、エリック・ホブスボウム、スチュアート・ホールの諸論文とムルガンの反論の要旨を紹介しよう。

ネオ・リベラリズムと断絶できないブレア労働党
――「復刊の言葉」(Good To Be Back)(3)――

マーチン・ジャック

グローバル化は自然現象ではない

近代性――グローバル化、新しい個人主義、ポスト・フォーディズムなど――は政治的に無色なものではなく、二つの傾向、つまり一つは不平等の増大、規制緩和および社会的崩壊の傾向と、もう一つは公正性の増大、社会的干渉の強化と社会的連帯性の増大の傾向で、この二つがお互いに影響しあうものである。サッチャーにとってはこれに対する対応はただ一つ右翼的対応しかなかった。実際、左翼が過去にしがみついている限り、それ以外の対応はとりえなかったといえる。

伝統的な規定に基づく左翼と右翼の相違は、我々がしばしば述べてきたように、当面する政治的テーマの選択やその解決策につきるものではなく、依然として社会が直面する多くの最も基本的な諸問題の中核にあることはいうまでもない。

ブレアの政策があいまいになり、重大な欠陥を示すのはこの点である。大体においてブレアは「左翼」という表現を嫌い、自己の立場を好んで「中道左派」と規定している。ブレアはイデオロギーが過去のものだと信じている。彼は近代性の概念を受け入れながら、政府をむしろ近代的な企業管理の手法をとる専門的な管理や問題解決の機関と見ている。だがブレアの当面する任務は昔も今もただ単に近代性（Modernity）を受け入れるだけでなく近代性に関する異なる見解、つまりネオ・リベラル時代と基本的に断絶する近代性の概念を示すことにある。

過去四半世紀の間の近代性の特徴は、七〇年代後半に開始されたグローバル化の自由市場体制に基づく社会的コントロールの深刻な喪失であり、それは社会的不平等の巨大な増大や社会的コンセンサスの低下をもたらしたことである。これらはいずれも不可避ではなかったし、自然現象でもなかった。それらはサッチャー・レーガン時代に計画的に産みだされた物だった。ブレアの中心的任務はその条件を黙って受け入れることではなく、それをひっくり返すことである。

ここでの議論は、ブレア政権が過去の政権よりもましかどうかということではない。

これまでの一八カ月の短期間におけるブレア政権の業績は、スコットランドとウエールズの議会の創設、アイルランド平和協定の締結、最低賃金制の制定、欧州社会憲章の採択その他多くに見られるように感銘的である。ブレア政権は、自分たちが新しい明確な計画を持っていること、政府が過去と、つまり労働党自身の歴史とではなく、サッチャー時代と根本的に断絶した「新しいイギリス」を創造しつつあると主張している。新しい労働党は、歴史を飛び越えてもはや古い束縛に縛られない新しい領域に入ったと信じている。

ここでの決定的問題は「大きな構想」（The Big Picture）である。以前の『マルキシズム・ツデイ』誌の寄稿家であり、現在はブレア政権の第一〇位の顧問の一人であるジェフ・ムルガンは、問題はもはや「大きな構想」ではなく、具体的政策だと述べている。それは誤りだ。ここでの中心的問題は、ブレアがネオ・リベラリズム時代の次元から断絶しているか、それとも依然として同じ領域で活動しているかということである。

ブレア時代を特徴づけているのは、断絶よりも継続である。つまり所得税引き上げの拒否、最初の二年間の保守党の支出予算の引き継ぎ、グローバル化についてなしうることは何もないという考え方の容認など——トニー・ブレアにとってはグローバル化は自然力なのである。

新労働党は、ネオ・リベラリズムの終焉を予告しなかった。それどころか彼等はそれを妙策と認め、政治的にも理論的にもそれ以外の政策は不可能だと信じたのである。だがそれから一八カ月経ったいま、現在のグローバルな危機が市場には自主的な均衡作用が全くないこと、市場が経済を根底から破壊していること、市場には規制が必要なことを証明しているように、我々はネオ・リベラリズムの終焉を認識することができる。

新しい労働党は新しい歴史をきり拓くのではなく、先行するネオ・リベラリズム時代の終焉に以前より強く適応している。

新しい労働党は、新しい変革の波をリードしていると吹聴している。彼等が国際的な関心を惹きつけ、またそれが中道左派政権の出現をさらに大きく広げる原因の一つになっていることは事実である。だが現在の環境においてブレア・クリントン路線が未来の路線になるという考え方はきわめて非現実的なように思われる。現在広がりつつある新しい反自由市場時代に対してクリントンは二の足を踏み、ブレアはあまりにも保守的である。「第三の道」のロンドン・ワシントン版は、ネオ・リベラリズムにあまりにも大きく譲歩しすぎている。ジョスパンとシュレーダーは、いずれも緑の党や比較的強い左派政党が存在しているので――もっとラジカルである。さらにスウェーデンの最近の選挙結果もよりラディカルな左翼に対する支持の波が高まっていることを示している。

「ズボンをはいたサッチャリズム」

――「大きな構想」(The Big Picture)(4)――

エリック・ホブスボウム

戻ってきたカール・マルクス

紀元二〇〇〇年（ミレニアム）を目前にして愉快なことが起きた。それは一九九八年にカール・マルクスが戻ってきたことである。ベルリンの壁が崩壊し、マルクスが決定的に埋葬されたと思われて一〇年後、しかもネオ・リベラリズムの勝利が揺るぎなく思われ、「歴史の終わり」が宣言された一〇年後の『共産党宣言』発刊の一五〇周年にマルクスが再び広がり、誰もが驚いたことに年老いたオールド・マルキストの家族を含めて、ジャーナリズムに異常な反響を巻き起こした。これは数カ月前には予想もしないことだった。

人々は『共産党宣言』を読むことでなく、実際に起こっていることを観察することによって資本主義が落ち目なことを再発見したのである。

東南アジアや東北アジアに始まった危機が、グローバルな資本主義の危機に転化したことは、資本主義がいかにひどく腐敗しているかを我々に再発見させたのである。したがって、我々自身の新しい労働党政権を含め非常に多くの政権がほぼ一九八〇年代以降、大部分の経済学者の意見ではもっと早くから抱いていた仮定を再検討する時がきたのである。これは基本的には自由放任（laissez faire）経済、つまり自由市場経済が他のいかなる経済より優れているという仮定である。この思想がなぜ原則的に資本主義を信奉する、イデオロギー的に個人主義的な政権にアピールするようになったかということは明らかである。だがなぜトニー・ブレアのような政権が「ズボンをはいたサッチャリズム」と表現することができるのかということは、もっと詳しい説明が必要になる。私はここで四つの理由を挙げよう。

第一に、一九七〇年代の終わりに「黄金時代」の混合経済の古典的な諸政策はうまく機能しなくなり、国家的計画経済の社会主義の諸政策も殆ど機能しなくなったことにある。さらにグローバルな多国籍企業の急激な発展は、社会民主主義からその主要な源泉、つまり国民経済やその内部に起こった諸問題をコントロールする能力を奪った。これは一九八〇―八二年のフランスのミッテラン政権の失敗によって証明された。何らかの対策が必要だった。労働党の近代化計画を正当化したのはこのことだった。これはまたうまく政権を獲得することに成功した労働党が簡単にサッチャー政権が行ったことをすべてひっくり返すことができない理由でもある。

第二に、現在のいわゆる新古典派講壇経済学者たちは、グローバルな市場の最も有効かつ摩擦のない理想的な経済、つまり国家やその他の諸機関の干渉が最小限な経済を夢みていたからである。世界の現状では、これは経済の体系的な民営化や規制緩和の政策を意味している。彼らのうち、フリードリッヒ・フォン・ハイエクやミルトン・フリードマンに始まる何人かの学者たちがこれを唱えたのはイデオロギー的な理由からだった。だが大半の学者たちは技術的な簡単さと、それらの基本的命題が実生活との関連を持っているという認識がまったく欠落していた。彼らの経済学は、政治的・社会的次元または非数学的な次元を欠いた経済学なのだ。いうまでもなくそれは実際に多国籍企業やその他の投機業者の経済に適合している経済学である。いまやこのようなコンセンサスは終わったのだ。

この仮定は、二つの点で非現実的である。一つにはに純然たる自由放任政策は、現在の「利益」の配分の最適性を仮定するのに比較優位の原理に基づいているからである。しかし「今日の比較優位は明日の比較優位ではあり得ない」のだ。二つにはこれは役に立たない。企業家は主として有名なマルクスの資本集中過程により、できるならば経済学者のロジックを避けようとする。英国航空やマイクロソフトの理想は、それぞれの世界市場において独占的または寡占的な地位を占めることであり、自由なグローバルな競争ではない。

ブレアが自由市場に愛着の念を抱く第三の理由は、オールド・マルキストの歴史的不可避性に対する信念に匹敵するくらいの、いわゆるネオ・リベラリスト的信念である。つまり、現存するのはグローバル経済だけだということである。これは国民経済または国家的政策を不可能に、したがって無意義にする。こうした見解はすべて、初期のポール・クルーグマンが述べたように、極めて単純な経済的事実や概念に関する誤解に基づいている。

第四に、新しい労働党はサッチャー後の政治的多数派がサッチャー主義者の中産階級の票を獲得することにかかっていると信じているからである。これが選挙に勝った理由であろうとなかろうと、世界経済の混乱している現状では状況が変化しているにも拘らず、ブレア政権が二〇〇二年まで余りにも厳格に公約順守を公言するのは賢明ではないと思う。

グローバル経済については、次のことを言わねばならない。第一に、グローバル経済の活動と今後の発展は極端な自由放任政策と一致しないということである。第二に、グローバル経済は、国民経済と同様に非市場的機関なしではスムースに機能し得ないということである。さらにグローバル経済は国家の世界、政治権力及び政策に代行しえないということである。この二つは相互に交渉し合うことで共存する。第三に、国家の領域内に生じたことをコントロールする国家の権力は、二世紀にわたる成長後、第二次大戦後にピークに達し下降し始めた。それにもかかわらず、諸国家の領域内の経済をコントロールする力は、少なくとも人類の七〇％を含む二三の大国や、世界のGNPの四分の三を占める一〇カ国にとっては依然として強固である。

そこで我々の当面する基本的問題は二つである。第一は、資本家のための市場経済の操作をいかにしてコントロールし規制するかということである。世界危機は再びこの問題をグローバルな課題にした。それはまた欧州連合加盟国の大半が、自由市場万能主義に疑問を抱く有権者によって選出された中道左派政権下にあるという、二〇世紀の歴史の中で稀にみる機会に時を同じくして生じたということである。だがこれが楽観主義の原因になるかどうかは依然としてわからない。

第二の問題は、我々の社会が生産し蓄積した巨大な富をいかにして国民に公正に分配するかという問題である。しかし、増大する不平等と分配の不公正に対して何らかの対策を立てることは、欧州連合の管理下にある数パーセント以外は、国民国家は利潤以外の基準でGNPを分配することができる唯一の手段だからである。それは依然として不可決の手段なのである。だから労働党政権にとって、政権の主要な目的が国の富ではなくて福祉と社会の公正さにあるということを想起する時機なのである。

変化しつつある労働市場

労働市場は三通りの方法で変化している。

いま第一に、今や労働市場は以前よりはるかに少ない労働力支出で、しかも非常にさまざまな方法で国内総生産（ＧＤＰ）を生産することが可能になったことである。これは国のＧＤＰ総額には影響しないが、ＧＤＰの非市場的な分配方法がこれまで以上に重要になる。世界の種々の部門の労働力の年齢バランスや性別バランスが変化するために一般的定式化は難しいが、これは必ずしも恒常的な大量失業や非生産人口の恒常的な増加を意味するものではない。これは地球全体に影響をもたらす。だが先進産業諸国は特殊な問題を抱えている。というのは、通常主たる稼ぎ手の賃金や給与によって家族収入の大半を得るようになり、生産とサービスの基本産業は海外に移転するか、またはその後に以前と同じような職場を残さないからである。サッチャー女史による一九八〇年代のイギリス産業の「虐殺」以来、イギリスにとってはこれは特に緊急の問題になった。新しい労働党が製造業の重要性について保守党より重視していないように思われることは残念である。

労働市場の第二の変化は画一的な市場が分断されつつあることである。異なる職業や技量または所得に関する労働市場は、事実上比較することは不可能である。今日起きていることは、――労働組合や政府の活動がなく、企業に対抗する勢力がないので――グローバル経済の中軸のロンドンやニューヨークのような世界の諸都市にみられるものである。つまり、高利潤創出企業（金融、メディア）の高所得職業と低賃金・臨時・サービス産業人口への多極化、シテイの金融機関のデイーラーと事務所の清掃人・警備員・調理人などへの多極化。先進諸国の主要な傾向は高度の資格をもつ、または特殊な労働者と低技術労働者との間の区別を作り出すことである。

労働市場の第三の変化は、労働市場が不正規、灰色または闇市場の拡大により収縮しつつあることである。これはかなり一般的に見られる現象だが、正規雇用を圧迫したサッチャー政権のようなネオ・リベラル政策をとる諸国ではこの種の変化ははるかに急速に進行した。これらの変化の社会的・経済的結果は、いずれも危険である。

これは私に大きな問題を突きつける。イデオロギー的には、ブレア政権は今日明らかに欧米のクリントン、ジョスパン、プローデイ、おそらくは新しいドイツのシュレーダー政権などの中道左派政権の右に位置している。

労働党政権は前政権から引き継いだ経済理論やその理由が破綻していることを認めないのだろうか？　労働党政権は、基本的にはネオ・リベラル・エコノミストのコンセンサスに基づく政策を放棄しようとしないのだろうか。振り返ってみると、新しい労働党は戦前の労働党が一九二九〜三一年に失敗したのと同じ理由、つまり正統派経済学説との断絶を拒否したことによって裁かれるのではないだろうか？　当時この政策の再検討を唱えたのは自由党だった（御存じのように、当時ケインズは自由党の党員だったのである）。今度も再検討の主張は再び自由主義者から出るのだろうか？　新しい労働党は、社会民主主義へ回帰することがただ単に社会的問題であるばかりでなく経済的問題であることを認識しようとしないのだろうか？

結論的にいうと、次のようになる。第一は、実業の世界をよく知っていたケインズが述べていたように、政府が実業家が要求することを何でも与えることが彼らを幸福にするのに不可欠なことではないということである。

第二は、左翼が勝利した最近の選挙、特にスウェーデンとドイツが示していることは、有権者が積極的な政府の活動を支持しているということである。イギリスについても同じである。

第三に最も重要なことは、一九九七年以前には「こんなことをすれば我々は選挙には勝てない」という議論が非常に盛んだったことは事実だ。だが今は「我々の最も優先しなければならないのは再び選挙に勝つことだ」ということを大前提にして議論を混乱させてはならないということである。新しい労働党は、クリントン大統領と同様に、歴史と人民の双方によって、選挙で再選を勝ち取ること以外の基準で裁かれるだろう。いずれにせよ、もし次の選挙で敗れるようなことがあれば、それはネオ・リベラリズムの時代が終わったことを理解しないことによるものだ。

「第三の道」は新しい政治か？――「動きは激しいが見るべきものはない」(The Great Moving Nowhere Show)(5)――

スチュアート・ホール

「第三の道」は「敵のない政治」

ブレア政権の政治的性格は何だろうか？　新しい労働党は我々の時代の中心的諸問題に対する根本的に新しい対応なのだろうか？　この路線はネオ・リベラリズム・プロジェクトと同様に広範囲で視

点が近代的で首尾一貫しており、サッチャリズムとただひとつ異なっていることはサッチャー時代の遺産や論理と決定的に断絶していることだけなのか?それともこの路線はサッチャー主義者の領域へのプラグマチックな調整と適応的な動きなのか? ムルガンは新労働党が欺瞞と自信に満ち、過去一八カ月にわたる野心的事業を誇っているの知りながら、いま我々がブレア政権に関して重大な関心を持つ必要があるのは実際的に有効な政策以外にないと主張している。これは誤っているばかりか無意味である。なぜならブレア氏自身が自分をサッチャー主義者の一人とみなし、サッチャーの指導のスタイルに自分自身を作りかえるよう懸命に努力しているからである。

「第三の道」は、「新しい種類の政治」だという誇大宣伝が行われている。この路線の中心的な要求は、あらゆる諸問題に関して既存の極右と極左の間で不可思議な中道路線をとることである。この路線は、全世界の中道左派政権を結集させる新しいインターナショナルなモデルとして推進しようとしたが、あまり熱狂的に受け入れられなかったので、突如として「モデル」から「進行中の事業」に格下げされた。この路線が決定的手段であると同時に試験的でもあるというようなことはありうるのだろうか?この路線は、その目的が「急進派」の獲得にあるのか、それとも「中道左派」の近代化のいずれにあるのかさえハッキリしない(したがって若い有権者が再び自分の態度を「中道右派」に変えたとしても驚いてはいけない)。この路線は、新保守主義者と社会民主主義の両方の領域から抜け出して「右と左を超える」ことを要求する。こうした政治的定式の変化は、明確な政治的特徴を持ったプロジェクトとは言えない。

「第三の道」の語義が不明確な中心的理由の一つは――「と……との間」、「の上の」「を超えた」などという理解に苦しむ副詞の乱用でわかるように——すべてを包含しようという努力である。この路線には敵はいない。すべての人が入ることができる。「第三の道」は、もはや利害が一致し得ないようないかなる紛争も存在しないという。したがってこの路線の意図は、「敵のいない政治」である。

グローバル化は不可抗力か？

新労働党は、グロバル化を非常に単純な条件で——つまり単一で矛盾のない一方向の現象で、同じ特徴をもち、どこでも不可避的に同じ結果を生むものと理解している。ギデンズ（Giddens）の非難にもかかわらず、新労働党は、グローバル化を自己制御する不可抗力の自然力であるかのように取り扱っている。新しい労働党は、グローバル経済を天候のようなものとして扱っている。ブレア氏は、労働党大会の演説のなかで、グローバルな経済を、非常に動きが速く、金融の流れは巨大で極めて早く、世界経済の三分の一を急速に危機に投げこみ、その活動は国民国家だけでなく地域的・国際的な諸機関でさえ有効な統制がきかないほど急速なペースで展開すると述べている。彼は疲れたような態度で、これを「世界のたどるべき道」だと述べている。彼の対応は「変化を管理する」ことだけだ。だが彼が実際に言おうとしていることは、「これ以外の方法では管理しえないような変化にうまく自分自身を適応させ」なければならないということである。

これはブレア政権が欧州で中心的役割を演じ、またG７等で指導的地位を占めながら、アジア、ロシアその他の諸国の当面の危機になぜ受動的態度を取ったかという理由を説明している。ブレア政権は、ごく最近になるまでアジア危機がイギリスにさほど影響はもたらすことはないという誤った見解を繰り返し述べ続けた。ブレア政権は、それと全く逆な証拠が山ほど出てきたとでも驚くべき硬直的態度を示した。

ブレア政権にとっては、グローバル化はそれ以外に選択肢のない生活の現実である。したがって彼等は、国民政権がグローバル化の過程またはその効果に規制またはいかなる秩序を課することも望み得ないと考え、「長い目で見れば、ケインズは死んだ！」というブレアの発言に見られるように、経済の積極的管理から大きく手を引いているのである。その代わりに新しい労働党が行ったことは、社会を積極的にグローバル経済に適応させ、市民をグローバルな市場でより有効に競争するために自立と独立独歩を教えることとある。新しい労働党の経済政策の基本的戦略は、本質的にはネオ・リベラル的性格なものである。つまり、市場の規制緩和、新しい管理方式による公共部門の徹底した合理化、公共資産の継続的な民営化、減税、市場のフレキシビリテイの「抑制」の中止、個人資産と個人責任の文化の制度化、自助、競争力と企業のダイナミズムの価値の道徳的生活の特権化がそれである。

「あら探し的批判より実践的な代案を」

――「泣き言とお祈り」(Whinge And A Prayer)(6)――

ジェオフ・ムルガン

代案のない資本主義攻撃

資本主義が東アジア、ロシア、ラテン・アメリカ経済の急激な下降によって深刻な危機に陥っていることは疑問の余地がない。世界の三分の一が不況に陥り、ヘッジ・ファンドが危機に見舞われ、銀行は手を広げすぎて余力をなくしている。これは共通認識であり、これら二人のマルクス主義知識人が資本主義がかってなく不安定で不公正になっていると決めつける事実である。

だがこれに対して何をなすべきなのか？　これに対する新労働党の回答は、新ブレトン・ウッズ体制や新しい国際的財政機関創設の可能性についての論議を開始することだった。全世界で数多くの解決策が提案されたが、今でもなお市場がすべてを独自で規制できると信じている人は殆どいない。こうした時だけに、あなたがたはスチュアート・ホールやエリック・ホブスボウムが自分たち自身の解決策を提案するだろうと期待するかもしれない。だが驚いたことに、彼等は一九九〇年代の資本主義を熱情的に攻撃はしても、対策については何も語らないのである。実際に資本主義に代わるべきものがあるのかどうか、資本主義をいかにして人間的にするかということに関しては何も語らない。

この二人の著者が今なお全能だと主張するネオ・リベラリズムの論議になると、事態はもっと悪くなる。こうした観点は、控え目に言っても特異体質である。この観点は、保守のネオ・リベラル政権が権力の座から放り出されてしまったという事実や、なぜこうした事態が生じたのかという原因、それらの政権下の社会で不平等が一層拡がり、分解がさらに進行するようになった事実、多数の人々の生活が一層不安定になり、このまま進むと自分たちの生活の質を保証する職場や年金や公的サービスを失うのではないかという恐怖、減税や公的支出の実施どころか、公的支出をいとも簡単に生産的投資から社会保障や法と秩序の費用の一層の引上げの方向に移転させたという事実を無視している。

これらがクリントン、ジョスパン、プローディ、シユレーダー、ブレア、コークなどさまざまな政権が選出された政治的背景である。これが彼等の政策がネオ・リベラル的な政策と非常に異なる理由である。いずれにせよホブスボウムとホールは、こうしたことをすべて見過ごしているように思われる。

第三の道は右翼への屈服？

それでは次に「第三の道」は無内容で、保守への屈服以外の何者でもないという彼等の主張に、議論を進めよう。数年前だったらこれは正当な批判だったかもしれない。その当時は左翼政党はまだ自分たちがどこで道を誤ったか、またなぜ大衆の信頼を失ったということを知ろうと努力していた。再評価の時代には、多くの左翼政党はインフレーション抑制の必要に対して今よりも賢明で、輸出や為替の管理や、競争と市場を進歩的な目的に役立たせることに関してはいい加減だったのである。

だが現在、中道左派政党が社会民主主義的伝統を拒否していると述べているのは馬鹿げている。現在の中道左派政権は、依然として富と権力の再分配の価値を信じている。ただ彼らはこれまで以上の努力と学習の機会を通じてこれを行うことを望んでいるのだ。彼らは、依然として活動的な政府の価値を信じている。だが彼らは、政府がこれまで以上に有効に機能するためには公共部門が自からの権利に帰属しない場合だということを強く信じている。彼らは自由の価値を信じている。ただし七〇年代や八〇年代の左翼政党が、自分たちの有権者の家族や犯罪に対する関心を真剣に取り上げなかったことを反省している。彼らは市民権の価値を信じているが、非常に多くの一九世紀の社会主義者と同様に、強い責任と相互協力でそれを豊かにすることを望んでいる。

ホールとホブスボウムの粗雑な議論を聞いていても、彼らが何を考えているのかさっぱり分からない。彼らは社会民主主義をどう考えているのか。例えば左翼が再分配政策を放棄したという彼らの主張を挙げてみよう。もしこれが真実ならば、これは真に過去との断絶を意味するものである。だがこれは全く事実に反している。労働党政権が行った最初の行為の一つは、先進的な政府ならどこでも行うような再分配政策としての失業対策を行なう財源のための五〇億ポンドの公益事業税の課税だった。フランスのジョスパン政権でもドイツのシュレーダー政権でも、政治日程の真っ先に来たのは失業者の雇用創出のための再分配政策である。批判されているのは何か?もし中道左派政権の財政がより再分配的であるべきだというならば、それをいかなる手段で行おうというのか?

真実は、サッチャリズムがもはや支配的ではないということだ。今年の労働党大会でのトニー・ブレアの演説は、サッチャー時代の終焉の明確な兆候だった。保守のメディアが保守のヘゲモニーの終焉を認めたがらないのは当然だ。だが左翼インテリゲンツィアまでが彼らと同様に歴史が動いていることを認めたがらないということは実に皮肉である。

失望させられることは、このような過失が犯されたのが、社会民主主義について数十年間にわたり、きわめて開かれた国際的で広範囲な議論が行われたのと時期を同じくして生じたことである。ここイギリスでは、トニー・ブレアは、徹底した改革の目的と手段について可能な限り広範囲な討論を起こすために、「第三の道」についての公開討論を慎重に開始した。数十の論文やパンフレットが発表され、セミナーがダウニング街からワシントンに至るまで、さらにブラジルからドイツに至るまで、フエビアン協会、デモス、ネクスス、ＩＰＰＲなどの数多くの団体が実践的な提案を発表した。トニー・ブレア自身の「第三の道」に関する最近のパンフレットは四〇カ国以上で出版された。

新しい労働党の功績は、中道左派、社会民主主義、リベラリズム、進歩主義のさまざまな伝統を総合し、政権を次の世紀にうまく導くために十分に首尾一貫した明確な観念にまで仕上げたことにある。ところでブレアを非難する諸論文で最も一般的で繰り返される表現は、政治は「これとこれを」同時に実現する政治は不可能だという主張である。一例を挙げると、企業優遇は必然的に反労働者的を意味することになるし、または環境保護重視は反企業的を意味し、公共サービス重視は反改革を意味することになる。

この種の二者択一の議論は魅力的で手際よくまとまっているが、致命的な欠陥を持っている。市場経済では、仕事の大半は民間部門の投資によって創設され、その投資は企業の確信によって左右されるが、この考え方だと我々は雇用創設か、企業締めつけ策のどちらかを選ばなければならない。我々は雇用と企業優遇の双方を選ぶことはできないのだ。これは公共サービスについてもいえる。また公共サービス重視と高能率で近代的な公共サービスとを同時に求めることはできないと主張する者もいる。だからもし我々が高能率で適切な公共サービスを要求するならば、我々は公共サービス重視か近代化反対のどちらかを選ばなければならない。我々はその両方を選ぶことができないことになる。

労働党が野党だった時代にこのような批判を行うことは容易だったかもしれないが、政権について一八カ月近く経た今この種の攻撃を行うことは馬鹿げている。労働党政権が採択した政策の規模と範囲は、今世紀のいかなる政府の最初の任期の業績にひけを取らないし、『マルキシズム・ツデイ』誌の著者たちが賞賛したサッチャー政権の初期の業績をはるかに越えている。

もしホールとホブスボウムが、ドンキホーテが風車に突撃するような時代錯誤な批判をやめて、新労働党の政治戦略をもっと真剣に分析することを試みたならばもっと興味あるものになったろう。いま新労働党が新しい政治空間を創りだし、新しい支持者を獲得し、それぞれの段階ごとに徹底した改革のための以前より広い観念を試験する漸進的戦略をとったことが正しいか否か真剣な議論が行われている。

トニー・ブレアが「永遠の改良主義」と名づけた生産的な政策は、過去との目覚ましい絶縁を示している。なぜならば過去の左翼政権が爆発的な熱狂で改革を開始し、それがたちまち失敗して失望を買い即座に反撃を食うということが余りにも多過ぎたからである。それが、私の生涯で初めて議会の一つの任期以上にわたって継続する進歩的改革の真の展望が生まれた重要な理由の一つであると信じている。だが私は、妥当な代案があり得るし、また真剣な評価を読みたいと思っている。

だがこのような傑出した知識人たちが、自分たち自身の社会の政治を行うことになった時に、このような中味のない薄いスープしか出せないのは何故だろうか？　この理由のいくつかは、ホールの新左翼とホブスボウムの共産党の労働党に対する伝統的な敵対関係によるものかもしれない。だが私は、原因の一部は過去数十年間に生じた知的生活の顕著な非政治化にあると思う。かって政治に参加した知識人たちは、自分自身を経済、教育、政治、日常生活がより公正に組織されている新しい世界の先駆者とみなした。彼らはしばしば非常に論争好きで、誤りも多かった。だが彼らは自分自身を社会の外部ではなく社会の内部にいて、運動の一部とみなしていた。

だが今日ではこれと反対に、多くの知的生活は活気を失っている。左翼の最良の頭脳の多くは、六〇年代や七〇年代の大学に学び、論議の主たる論壇は関係の新聞・雑誌であり、批判は支持よりもよりインテリ的とみなされている文化の中に入った。州・地方自治体の議員、活動家または学校理事者など社会に積極的に関与している知識人は驚くほど少ない。世界は書籍や書籍のダイジェスト本によるうけうりの知識で判断されている。メディアの一部のように、個別化された文化が形成され、そのなかでは政治に参加しリスクを犯したり、感情を暴露したりするよりはむしろ、シニカルで孤独で反対の態度をとる方がたやすいのである。その結果、雄弁な批判は数多くあるが、彼らにいかなる代案を望んでいるかと質問すると、とたんに口を閉じ、ブツブツ言い、すぐに黙りこんでしまう。知識人がすべて政治のささいなことまで関心を持つべきだというのではない。関心を持つ者は現在も将来も少数派に過ぎないだろう。理論家が最良の理論家たろうとするのと同様に、歴史家も最良の歴史家になろうとする。だがかっては成熟した政治的見解とは新しい社会をいかに組織すべきかについて明確な意見を意味するものと考えられた。マルクスの後期の論文は第一インターナショナルの諸政党に知的な原動力を与えたし、グラムシの論文は政治戦略に洞察力を与えたのである。トーニィ（リチャード・ヘンリ、イギリスの経済史家）、ラスキ（ハロルド、経済学者・社会主義者）、ベバン（労働党左派の指導者）、ベン（労働党左派の指導者）は、高度の理論と日常政策の二つの分野に足を踏み入れたが、彼らは完全に定式化された政治綱領を提出したのである。

今日のマルクス主義者やポスト・マルクス主義者の多くにとっては、代替戦略を示すことには殆ど関心がないように見える。大きな構想理論は山ほどあるが、この構想はあまりにもあいまいで不明確で、誰が使うにしても役立たない。しかもそこには理想主義さえない。かってのマルクス主義者の世代は、資本主義を打倒し、真の自由が実現され、人間の能力が解放され、病める者は治療され、無力な者には力が与えられる理想社会を実現することをとを約束した。だが今日のマルクス主義者の論文には、このような高邁な希望も理想もないし、努力目標もなければ人々の心を打つ激しい情熱すらない。

今日、世界は再び動きつつある。我々は今や徹底した改革の時期に立っている。その場合に誤りや無分別な行為を犯すことは避けられない。いかなる政府も完全ではないし、誤りを犯す。だが政府はこれから重要なことを学ぶ。だがこれによって実際的な改良が行なわれ、より徹底しか改革が試される。いまや国内でも海外でもかつてのいかなる労働党政府よりもはるかに活発で広範囲の議論が国内でも海外でも行なわれるようになっている。

知識人の中には、完全野党の立場に魅力と居心地の良さを感じている人はがいる。だが私は大部分の人たちがこうした誘惑に抵抗することを希望する。それは我々が彼等の才能と洞察力を必要としているからでなく、これによってイギリスを徹底的に改革する極めて稀な機会を逸することになるからである。

欧州社会民主主義者の前進へ の道——ブレア・シュレーダーの共同声明

ブレアの「第三の道」をめぐる論争を一挙にドイツ社民党（ＳＰＤ）にまで広げたのは、九六年六月の欧州議会選挙の終盤戦に発表されたブレア英首相とシュレーダー独首相の共同声明「欧州・第三の道／新中道」（ドイツ語版「欧州社会民主主義者の前進への道——ゲルハルト・シュレーダーとトニー・ブレアの提案」[7])だった。

この共同声明は、二人の期待に反して選挙に好結果をもたらさなかった。それどころか選挙結果は両党ともに惨敗に終わり、特にSPD内ではシュレーダー政権の社会・経済政策をめぐる論争を再燃させる結果になった[8]。

この共同声明がSPDの党員と支持者に混乱を巻き起こした理由は、党首が党の基本路線に関わる重要な政策変更を、党の機関にも諮らずに海外で他党の党首との共同声明で発表したという重大なルール違反にあった。九六年三月、シュレーダーの党内の最大の政敵だったラフォンテーヌは蔵相、党首、国会議員を辞任したが、ラフォンテーヌがいなくなってもSPD内部には「ラフォンテーヌは到る所にいた」(『シュピーゲル』誌)。そこでシュレーダーは、「新中道」路線に対する党内左派勢力の抵抗を弱めるとともに、選挙戦での有権者の支持を獲得するために、共同声明を発表したのだが、結果的に党内の反発と支持者の混乱で全くの逆効果に終わった。

この共同声明は、第一章「経験から学ぶ」、第二章「変化する現実に則した新しいコンセプト」、第三章「左翼のための新しいサプライ・サイド・エコノミックスの課題」、第四章「左翼のための積極的労働市場政策」、第五章「欧州の〝政治的基準〟」などの五章から成っている。

この共同声明で特にラフォンテーヌら左派の反発を買ったのは、第三章や第四章だった。以下、問題になった章の要点を紹介しよう。

「第三章、左翼のための新しいサプライ・サイド・エコノミックスの課題」

欧州は、経済の挑戦に応えると同時に、現実に存在するまたは主観的に感じられる不確実さに対応して社会的団結を維持する任務に直面している。雇用及び雇用機会の増大は、強固な社会のための最良の保証である。

過去二〇年にわたる新保守主義の自由放任主義（Laisser-faire）は、終わった。だがその代わりに登場するのが一九七〇年代スタイルの「赤字財政政策」と、強力な国家干渉の復活であってはならない。このような政策は、今日では誤った方向である。

我々の国民経済とグローバルな経済関係は、急激に変動しつつある。新しい諸条件と新しい現実は、古い考え方の再検討と新たな考え方を練り上げることを必要としている。

いま欧州の大部分では失業があまりにも高過ぎる。またこの失業の大部分は構造的なものである。この挑戦に対応するためには、欧州の社会民主主義者は協力して左翼のためのサプライ・サイド・エコノミックス政策を作成し、実行しなければならない。

我々は社会的国家*を廃止するのではなくて、近代化しようと思う。我々は、経済的活動の動機を純然たる利己心におくのではなく、他の人々のための連帯と責任の新しい道を前進しようと思う。

（*訳注　社会的国家とは、ある階層またはグループの経済的もしくは文化的抑圧、または重大な不利益を認めず、またはこれと戦い、または除去しようと努める国家）

この取組みの最も重要な要素は、次の点にある。

強固で競争力のある市場経済構造

生産性と成長の刺激にとって基本的な意義を持つものは、製品市場での競争と自由貿易である。したがって、経済発展と雇用政策の成功の前提条件で決定的なのは、市場の諸力を完全に発揮させることができる枠組みである。

・EUは将来も世界貿易の自由化の決定的な力にならなければならない。

・EUは内市場の成果を基礎とし、生産性向上を促進する経済的枠組を強化しなければならない。

持続的な成長を目指す課税政策の促進

過去においては、社会民主党は高い税金、特に事業税を意味した。だが現代の社会民主党は、適切な条件下での税制改革と減税は、より高い社会的諸目標を達成することに貢献すると認めている。したがって法人税減税は収益性を高め、投資の刺激を生み出す。投資が高まれば経済活動は拡大するし、生産能力は高まる。これがドミノ倒しのような積極的な連鎖反応を高め、公的支出を社会的目的のために利用できる財源を増大させる。

・すでに連合王国の新労働党(ニューレーバー)が施行し、ドイツでも連邦政府が計画しているように、事業税は単純化し、法人税は減税すべきである。

・ドイツでは(減税法案で)グレート・ブリテンが課税最低限度額の引き下げと勤労者家族に対する税額控除制度の導入で始めたように、労働が報われることを保証し税制の公平さを強めるために、家族と被用者の負担は軽減されなければならない。

・ドイツ社民党連邦政権が事業税の改革で意図し、グレート・ブリテンにおいてキャピタルゲインや事業税の改革で見られるように、企業――特に中小企業の――投資意欲と投資能力は強化されなければならない。
・過酷な労働と事業に対する課税は、減税されなければならない。例えば環境汚染の負担をさせるために、課税を再調整しなければならない。ドイツ、グレートブリテンや欧州のその他の社民党政権はこの道を歩んでいる。
・ＥＵレベルの課税政策は、不公正な競争と国外逋税を無くすための強力な措置を支持しなければならない。このために必要なのは画一性ではなく、よりよい協力である。我々は、税負担を重くし、ＥＵ内部の競争力と職場を危機に陥れるような措置を支持しない。」

「健全な公共財政は社会民主主義者の誇りの的とならなければならない」

かつては社会民主主義的政治は、雇用と成長の促進のための最前の道が公共支出増大をまかなうための公的債務の増大にあるという考え方と結び付けられることがあまりにも多かった。我々も公的債務を一概に否定しようとは思わない―それは周期的な景気下向期では自動的安定装置を利用することは意義があるからである。また公共投資を増やすための債務は、厳密に「成功の基本原則（goldenn rule)」に従うならば、経済のサプライ・サイドの強化のために重要な役割を演じることはできる。

しかし「赤字財政」は、急速な成長と雇用率の向上を阻害する経済構造上の弱点を除去するためには利用できない。そのために社会民主主義者は過度の国家負債を許容することはできない。債務の増大は、未来の世代に不公正な負担を意味する。これは望ましからざる再配分効果をもたらすおそれがある。そして結局は、負債の返却のために使用しなければならない金は、もはや教育、職業教育およびインフラストラクチャーを含め他の優先的政策のために使用することは出来ないのである。

「第四章　左翼のための積極的労働政策」

もはや終身雇用の存在しない経済における失業期間は、資格の取得と個人的な生涯教育のチャンスでなければならない。パートタイムや些細な仕事*でも、仕事がないよりもよい。それは失業から雇用への移行を容易にするからである。」

（訳注　「些細な仕事」とは、一週二〇時間以下の仕事をいう。）

オスカー・ラフォンテーヌの「第三の道」批判

シュレーダーの「第三の道」への追随と、ブレア・シュレーダーの「共同声明」を厳しく批判したのが、九九年一〇月に発刊されたラフォンテーヌの著書『心臓は左で鼓動する』である。(8)この著書は二三章から成っている。この中でシュレーダー政権の政策批判が強く出ているのは、「経済・財政政策の新たな方針決定」「あらずもがなの発足時のつまづき」「国際金融政策」、「コソボ戦争」などの各章である。特に真っ向から「第三の道」批判を打ち出しているのが「第三の道は誤った道」の章だが、この中でブレア・シュレーダーの「共同声明」を批判している部分を抜粋してみよう。

「私が、驚きと怒りの念を持って注目したのは、私が辞任した後、ゲルハルト・シュレーダーがＳＰＤをいわゆる第三の道という誤った路線に導こうとしていることだった。私は、ＳＰＤ指導部、特に新しい党首が我々が連邦議会で勝利した理由がどこにあるのか理解していないという結論に達した。」

「ブレアとシュレーダーの共同声明は言う。『我々も公的債務を一概に否定しようとは思わない。それは周期的な景気の下降期では自動安定装置を利用することは意義があるからである。また公共投資を増やすための債務は、厳密に〝成功の基本原則〟に従うならば、経済のサプライ・サイドの強化のために重要な役割を演じることができる。』と。

だが社会的国家を廃止する者は、もはや自動安定装置を利用することはできない。『過小投資の伝統』はいまや企業レベルにも波及している。規制が撤廃された金融市場では、金融投資・投機分野の利潤率は、全国の生産企業の利潤率より高い。したがって、金融投資の増加率は生産投資より早い。七〇年代中頃からＥＣで生産投資率が後退した原因はここにある。世界金融市場は、ただ単に生産投資率に影響を与えただけでなく、企業文化の著しい転換をもたらした。企業は株式市場の動向によって資本を調達する傾向をますます強めている。これによって企業は株主の短期的な利害によって一層強く左右されるようになる。この結果、企業の諸決定は短期的な思考と可変的なコストによって規定されるようになる。この可変的なコストに含まれるのが、特に賃金コストである。これまで何十年間も労働者は共同事業者であり、共同決定者であったが、今やコストの一項目にまで引き下げられてしまった。」

「グローバル化――その要件と推定される諸結果――は、経済と社会に不安をもたらす。ネオリベラリズムのイデオロギー的な攻撃の根拠はそこにある。グローバル化は市民を脅かして譲歩させるために誇張され、こけおどしに利用されている。世界でも最良の産業立地の一つであるドイツは、法人税の引き下げ、社会的国家の解体、賃金引下げの狙いを達成するための攻撃にさらされている。」

「指導的な労働市場経済学者の一人であるリチャード・フリーマンは、過去二〇年間に所得と生活条件の不均衡が最大限にまで達したアメリカを『アパルトヘイト経済』と規定し、次のように述べている。『ネオリベラリズム的な〝レーガノミックス〟の受益者はそれでなくとも豊かな生活を送っている社会の五％に過ぎない。それ以外の人々はすべて敗者である――貧しい者が増えれば増えるほどよい。フリーマンは、遅かれ早かれ新しい階級闘争が発生することを恐れている。アメリカに当てはまることは、そのままヨーロッパにも当てはまる。ヨーロッパで左翼政権が権力を握ったのは、市民がネオリベラリズムの社会的冷酷さを拒否したためである。もし政治が女性や男性の市民たちの『助けて』の声を無視して、救いの手を差し伸べなかったら、抗議は別な方法を求めるだろう。もしヨーロッパの社民党政権がこの一回限りのチャンスを逃がしたら、過激派諸政党は社会民主主義的モデルに対抗するネオリベラリズムに向かって突進し、その結果、急激な通貨・金融危機をもたらすことになるだろう。」

「経済生活においても、再び公共精神にこれまで以上の大きな権威を持たせることが絶対に必要である。民主的左翼にこれ以外の任務と目標はない。元来、〝社会主義〟の概念には、特定の生産制度の意味はなく、努力、個々の人間の利己的な努力を利益の総和である公共の利益に誘導していくことにある。」

「個々の経済的利害関係を国民国家の枠内で全体の福祉を念頭に置いて調整してきた従来の国民経済は、市場の国際化が進めば進むほど機能不全に陥る。グローバルな競争では、それぞれの企業が独力で闘う以外になく、頼めるのは自己の成功だけである。利害をより高い次元で調停することができる民主的で適法な裁判所などは存在しない。」

「問題は、国際的経済関係を最小限の規制によって規制する機構を作ることである。言うまでもなく世界市場でこの種の規制を実施するためには権力機関が必要である。これは欧州の個々の国ではなく、恐らく欧州連合になるだろう。まず初めに欧州連合の加盟国は共通の経済・金融政策について合意しなければならない。ドイツはブリュッセルで税制の広範な調整をもっと強く迫らなければならない。労働組合は欧州レベルの賃金政策の調整をもっと精力的に開始しなければならない。社会に失業を克服する義務を与えた欧州社会憲章の採択は、欧州社会国家モデル達成への道に必要な第一歩に過ぎないであろう。」

「この種のモデルが発展すれば、ただ単にこの制度のグローバルな競争において〝純粋〟資本主義に対する社会的市場経済の地位を強化し、世界市場における必要な規制を遂行するための権力基盤を作ることができるだろう。」

「通貨同盟が未来の発展の原動力として真価を発揮できるか否かは、欧州連合の一層の統一努力、つまり統一的な課税政策、雇用政策、統一的経済政策、特にその結果としての統一的社会政策を刺激し促進できるか否かにかかっている。ヨーロッパの人間の間に帰属意識が生れるように、『欧州国民』のような意識が生れるように、欧州は民主的プロジェクトとしても、社会正義のプロジェクトとしても成功しなければならない。」

「第三の道」の「ドイツ・モデル」を

ＳＰＤの理論家トマス・マイヤーは、最近発表した論文「ゴーデスベルクからノイエ・ミッテ（新しい中道）へ――ドイツにおける新しい社会民主主義」の中で、ＳＰＤのゴーデスベルク綱領に次いで一九八九年に採択されたベルリン綱領がポスト冷戦後の世界秩序――グローバル化の急激な進行、ドイツ再統一後の政治的・経済的激変――によって有効性を失い、シュレーダーの「ノイエ・ミッテ」が生れざるを得なかった諸条件を次ぎのように分析する。[10]

第一は、かつてＳＰＤを支えてきた伝統的な労働者階級は、いまやわずかドイツ国民の五％を占めるに過ぎなくなった。同じような政治的傾向を有した労働者階級の共同体は、ここ数十年間に数多くの政治的グループに取って代わられ、ＳＰＤを自動的に支持するようなグループは全く無くなった。いまや労働者階級と中産階級のいずれもが生活、労働および政治に対して非常に異なった態度を持つ一定の範囲内の政治的・文化的グループによって構成されている。それらのグループは今や「唯物論者」「ポスト唯物論者」「ポスト・モダニスト」などに分類される。これらの新しい社会的グループのメンバーは、政党のイメージや業績に応じてつぎつぎと支持政党を変える傾向がある。もしＳＰＤが有権者の四〇％以上の得票率を獲得しようと思うならば、このような数多くの様々な政治的グループを結集するのに必要な政治的な戦術転換を行なわければならない、とマイヤーはいう。

マイヤーは、さらにＳＰＤが路線転換を迫られているもう一つのジレンマとして福祉国家の改革を挙げる。

「ＳＰＤの輝かしい福祉の記録も、もしこの党が伝来の諸問題に新しい回答を与えることができなければますます大きな重荷になることは必然である。これらの諸問題の一つが大量失業問題の解決である。だがこれ以外にも福祉国家の構造的財政危機――不断に増大し、今や耐え難い水準にまで達した医療制度の予算（ますます高度化する医療技術による）から高齢化が年金制度に加える財政的な圧力に至る――の解決という緊急の任務がある。福祉国家の改革の問題以外にも、新しい形態の社会的リスクやシングル・イッシュー（単一の争点）を主張する団体の要求に政治的に対応しなければならない。核エネルギーの未来から遺伝子組み替え問題、アメリカの支持する使命の達成のための軍隊の展開、移民政策までにわたるテーマが政治的論議の中心を占めている。ＳＰＤの伝統でも古い中道左派の価値観でも、これらの諸問題の解決に役立つ教訓はない。かくしてマイヤーは『第三の道』の政治の目的は、こうした諸問題を解決する一貫した枠組みを与えることでなければならない」と述べ、さらにラフォンテーヌとシュレーダーの意見の相違について次ぎのように指摘している。

「ラフオンテーヌは、伝統的な中道左派の社会正義に関する関心、福祉国家の維持、新しい形態の国際経済統治とマクロ経済の積極的運営の必要性などに大きな力点を置いている。これに対して、シュレーダーの社会民主主義の改革条件の解釈は、福祉国家の改革の必要性、企業と政府の新しいパートナーシップ、グローバル化の現実を受け入れる必要性などを含めブレア的である。」

「処理しなければならない緊要な諸問題──『第三の道』に関するすべての諸問題──は、ゴーデスベルク綱領の修正主義を越えて更に一歩踏み出す必要があることを示している。だが社会民主主義の近代化に関するドイツ人の評価は独自の性格を帯びるし、クリントンやブレアの『第三の道』と重要な点で異なることになる。SPDの政治的文化と歴史、政治的市場における競争相手に対するSPDの位置、より広範な政治制度の性格などはすべて、ドイツが独自の政治的近代化の道をたどることを保証している」

マイヤーは、ドイツの公的な論議における中心的なテーマの一つは、統治方法の再検討ないしは再創造であるという。

「政府と被統治者との関係を変えることは、中道左派政治の近代化の中心的部分でなければならない。だが幸いなことに、統治のパターンを改革することや政府とその他の関係者間の新しい分業は、伝統的ドイツ・モデルがうまく処理しうる問題の一つなのである」

「政治的統治に関する既存モデルを改革する圧力の一つは、全く現実的なものである。それは複雑な社会の内部で政治的・社会的な発展をすすめるのに、トップ・ダウン方式に頼ることはますます困難になりつつあることである。近代的統治には公共部門内部でも、国家と市民社会の間でも、新しい協力形態が必要である。決定に際して非政府団体を参画させる制度が創設されねばならない」

かくしてマイヤーは、ドイツ社会民主主義の改革にとって今後ともブレアの「第三の道」の挑戦の多くが有効であることを認めながら、この改革を確実なものにするためにはドイツ・モデルに適合する方法を用いて、独自の変化を持たせなければならないと強調している。

社会主義のモデルは多様でなければならない

一九九九年一一月に、リオネル・ジョスパン首相はフェビアン協会パンフレットで『新しい社会主義』という論文を発表した。(11) この論文で彼が最も強調したのは、欧州の社会民主主義政党は、九九年三月のミラノ大会で採択されたミラノ宣言の諸原則を堅持しながらも、国によって多様な形態を取るべきで、単一のモデルは取るべきではないということである。ジョスパンは、ミラノ大会で採択された宣言、①経済成長を優先し、新技術を開発し、長期失業者を援助する「雇用の欧州」、②経済的繁栄をもたらした社会的モデルを援助する「社会的欧州」、③男女平等、人種差別と外国人排斥に対する断固たる闘い、政治的責任と民主主義の透明な制度の範となる「民主的欧州」、④文化的多様性と環境を保全する持続可能な経済発展のモデルから生れる「強力な欧州」などの目標の根底にある価値は、市民の権利、社会正義、民主主義、進歩への願望、この進歩と我々の集団的運命を自ら決定しようという意志であり、これこそが多極的な世界の実現をめざす我々の熱望であるという。

「多極的な世界を建設するためには、一国レベルで機能する民主的諸原則は国際的な段階にも適用されねばならない。世界に自国の意志を押し付ける唯一の超大国があってはならない。単一のモデルを押し付けようとする誘惑には抵抗しなければならない。その理由は単に自国と欧州の利益に反するだけでなく、世界の安定とは両立しないからである。世界的な規制は、すべての国が法の下で平等であるというルールに基づく国際共同体から生ずる制度以外では制定しえないからである」

この原則に基づき、社会主義運動もそれぞれの国に特有な状況から乖離することはできないと、ジョスパンは主張する。

「社会民主主義諸党は、欧州レベルで協力して活動すれば一層強力になることができるようになるだろう。だが一つ条件がある。それはそれらの諸党が、ここの社会民主主義諸政党に影響を与えているそれぞれの国の諸要件——自らの歴史的起源、イデオロギー関係、政治的風土など——を常に考慮に入れ、かつ尊重しなければならないということである。これが欧州社会民主主義内部の最近の論争から私が引き出して結論の一つである。コメンテーターは各国の特有な諸要因を見過ごすことがよくあるが、有権者に選出された政治家は常にこれを考慮に入れなければならない。」

「私の意見では、『正しい道』、または『ブレアの道』『シュレーダーの道』または『ジョスパンの道』の間の選択ということは、殆ど意味を持たない。もし『第三の道』が共産主義と資本主義の中間にあるというならば、それは英国風の民主的社会主義の新しい名称に過ぎない。もし『第三の道』が社会民主主義とネオリベラリズムの中間にあるというならば、こんなアプローチに私は反対だ。既に述べたように、この種の『〜と〜との中間の主義』というような政治の役割はもはや存在しない。私の考えでは、『第三の道』はイギリスで行なわれた理論と政治の改革の努力のイギリス独特の形態であるり、同じような努力は欧州のすべての社会党や社会民主党が始めているのである。」

ジョスパンは社会主義の多様性を主張すると同時に国際金融資本に対する規制を主張する。

「グローバルな金融資本による経済支配と情報革命の同時的な到来は、資本主義の特徴をこれまで以上に際立たせた。実際に金融の動きと生産と社会の発展の間には分裂が生じている。前者はいわば光の速度で動き、後者は音の早さで動く。金融では絶対的な流動性があり、あらゆることが瞬時に行なわれる。物質社会では粘性があるために不可避的に動きが遅い。それは動くものの中心が人間だからである。このような両者の速度の差が断絶と破壊のリスクを増大させるのである。金融の動きは、実物経済のペースに比べて余りにも早すぎる。金融の動きを規制し、金融取引の意義を復活させる必要があるのは、このためである。富の生産は、人類の目的に奉仕させなければならない。」

ジョスパンは、さらに「第三の道」の論議において主要な論点であるグローバル化について次のように述べている。

「我々は、グローバル化の二つの異なる側面を区別しなければならない。その一つは、金融資本主義が再び戻ってきたことである。このことは我々を、以前とは全く異なる意味だが、一九世紀のネオリベラリズムの起源へと引き戻す。当時のネオリベラリズムの特徴は、価格、利子率、為替レート、資本移動と産業立地のような生産諸要素の移動に至るまでを含む経済諸変数の完全な流動性に対する要求にあった。他方では、技術的、文化的、政治的諸次元でのグローバル化がある。逆説的に言うと、グローバル化は、ある程度、欧州連合、北米自由貿易地域、などのようなブロック化をもたらしている。多くの国家の中にも、アイデンティティの問題が再燃し始めている。」

「この新しい状況に対する我々の反応は原則的に次のように考えられる。我々はグローバル化を完全に認める。だが我々はグローバル化を不可避的な形態とは見なさない。グローバル化は運命の産物ではなく、人間が創りだしたものである。だから我々は世界資本主義経済を規制する制度を創設したいと思っている。我々は欧州の共同行動により――社会民主主義の理想によって鼓舞された欧州において――金融であれ、貿易であれ、情報であれ、いかなる重要分野でも規制することに成功することができる。特に我々はＩＭＦが本来の役割を取り戻すよう闘わなければならない。……我々は、国際金融制度の有効性と透明性を向上させるために国際金融制度の機構を改革しなければならない。これらの改革の意図は、銀行部門に慎重な規制を行ない、国際機関や民間部門に責任を自覚させることにある。さらに我々は世界貿易機関（ＷＴＯ）内の権限の独占を目指す動きに反対しなければならない」

新しい修正主義はグローバル化への対応の産物

ドナルド・サッソンは、最近の欧州左翼を論じた論文で「新しい欧州左翼が今ほど統一し、結合し、均質だったことはない」と述べたうえで、「第三の道」をめぐる論争について、次のように論評している。

「欧州全体を通じて、特にフランスでは、メディアはトニー・ブレアの外見上の穏健さとリオネル・ジョスパンのラディカルな発言とを対比させ、その他の指導者を二人の中間のどこかに位置づけることが好きだ。だが実際には、欧州中道左派政権の追求する政治の間には――彼等の主張とは反対に――相違より共通性のほうが大きい[12]」。

「欧州左翼の経済政策の施策には特に強い共通性がある。英国労働党政府の企業よりの発言は、欧州のその他の社会主義政党のいくつかに衝撃を与えるかもしれない。だがそれらの政党のすべてが不可避的により高い成長や生産性向上を目指して、健全な資本主義経済の発展を推進しているのである。彼等が例外なく説明していることは、古い政策を放棄したのは基本価値を否定したためではなくてーいかなる政党でもそれを進んで否定した党はない――世界が変化したためだ――グローバル化、女性の労働力への進出、労働者階級の消滅、共産主義の崩壊、インターネット時代の到来がそれだ――ということである」「今日の中道左派政権は市場を評価している。だがまた彼等すべてがーブレアもジョスパンもシュレーダーもダレーマもー市場の欠陥も知り、青年の雇用拡大に即座に補助金を支出しているのである。」

「新しい社会民主党は企業寄りかもしれないが、ジョスパンもブレアも（シュレーダーは違うが）法人税を引上げている。ジョスパンは旧い型の社会主義にノスタルジーを抱いていると思われているが、民間部門への補助金支出ではブレアよりはるかに気前がよい。ジョスパンの週労働時間短縮も強く批判されているが、実際には労働市場のフレキシビリティを増大させることになるだろう。他方、ブレアは口を開けば労働市場のフレキシビリティを増大させる米国モデルを唱えている（この方式を真っ先に採用したのはオランダ労働党だ）。だが彼は、欧州社会憲章を採択することで、英国の週労働時間の国家的規制をより厳しくする措置を導入した。」

さらにサッソンは福祉国家の改革を迫られている点でも、欧州社会党の間に見解の一致があると指摘し、その背景にはそれらの諸党の大半が政権に付いていることを挙げる。

「このような政策の収斂は社会党が政権獲得に成功した不可避的な結果である。野党時代には夢想することも出来た。声明を発表し、インタビューを行ない、宣言や演説を行うことができる。だが政権を握れば統治しなければばならないし、権力の束縛で、いかなる政府も同じような狭い道を歩かなければならない。今日の社会民主主義者は、過去二〇年にわたって共通の国際環境で同じ問題に直面しなければならなかった諸国で政権を取っている。だからそれらの諸党の政策が共通性を帯びたとしても不思議はない。」

最後にサッソンは、グローバル化が社会民主主義を新たな修正主義に収斂させつつあることを指摘し、次のような結論を下している。

「これまで社会主義政党は常に自国の政治・経済制度の状況に応じて自らの政策を修正せざるをえなかった。だが収斂しつつある今日の修正主義は、一国の経済の基礎が部分的に溶解しつつある状況への不可避的な調整の一つである。なぜならますますグローバル化する資本主義は社会民主主義との歴史的妥協の主要な背景である国民国家からの飛躍だからである。グローバル化をめぐる論争は、現実問題を反映する混乱するコンセプトが、欧州左翼のあらゆる政党で荒れ狂っている。この論争での基本的な境界線は、グローバル化を一層の経済成長への機会であると同時に国際的な統治政策を策定し直す機会であるとみなすオプティミストたちと、グローバル化の国民経済へのインパクトを緩和するために努力するペシミストたちの間にある。狭い、国内的な制約に束縛された社会主義の時代は終った。」

ブレアの「第三の道」に対する『マルキシズム・ツデイ』誌、ラフォンテーヌ、ジョスパン等の批判の共通点は、グローバル化が不可抗力の自然力でも運命の産物でもなく、人間が作り出したものであるのに、ブレアがそれに有効に対抗する方針を作り出していないという点にある。ただ批判者の意見が分かれるのは、ムルガンが批判するように、『マルキシズム・ツデイ』誌派はブレアを批判するだけで対案を全く提起しない点にある。ラフォンテーヌとジョスパンは具体的な対案を提起しているが、両者の間にも大きな相違がある。それはラフォンテーヌのシュレーダー批判の基礎には、特殊なドイツ経済の現状認識における深刻な認識の相違があることである。ラフォンテーヌは「ドイツの産業立地は悪化し、もはや国際競争力を失っている」というシュレーダーの主張に反対し、「ドイツの産業立地は依然として世界最良の立地の一つである」という認識から、ドイツ企業の国際競争力の強化のための企業減税や労働力などの規制緩和に真っ向から反対している。彼は欧州連合の共通の経済・金融・税制政策を早急に確立することを主張し、財政健在化のための公的債務の削減にも反対する。これに対して、ジョスパンは金融・貿易・情報など世界資本主義経済のあらゆる重要な分野を規制する制度の創設を主張し、特に国際金融制度では世界貿易機関（ＷＴＯ）の有効性と透明性を向上させるための機構改革を提案している。

「第三の道」をめぐるこのような西欧左翼の論争は、ドナルド・サッソンが指摘するように、『マルキシズム・ツデイ』誌派やラフォンテーヌのような共産党、欧州社会党最左派などを除くと、意見の対立点よりは共通点のほうが多いことが分かる。それが社会主義インター第二一回大会の『パリ宣言』や、リスボンのＥＵ特別首脳会議の合意を可能にした最大の要因といえよう。

［注］

（1） Tony Blair "The Third Way-New Politics for the New Century" (Fabian Society, September 1997)

(2) "Marxism Today", Nov/Dec 1998

(3) Mrtin Jacques "Good To Be Back" ("Marxism Today", Nov/Dec 1998)

(4) Eric Hobsbawm "The Death of Neo-Liberalism" (ditto)

(5) Stuart Hall"The Great Moving Nowhere Show" (diito)

(6) Geoff Mulgan " Winge And A Prayer" (diito)

(7) "Der Weg nach vorne für Europas Sozialdemocraten/Ein-Vorschlag von Gerhard Schröder und Tony Blair" (June 1999)

(8) Oskar Lafontane "Das Herz schlägt links" (Econ Verlag, Oct. 1999)

(9) Thomas Meyer "From Godesberg to the Neue Mitte:The New Socialdemocracy in Germany) ("The New European Left", Fabian Society, November 1999)

(10) Lioner Jospin "Modern Socialism" (Fabian Society, November 1999)

(11) Donald Sasson "Introduction: Convergence, continuity and change on the European Left") ("The New European Left", Fabian Society, November 1999)

第二部

新しい欧州左翼と社会主義

訳・柴山健太郎

第1章　欧州左翼の収斂、継続性、改革

ドナルド・サッソン

政治の世界では、ビジネスや恋愛の場合と同じように、未来に起こる事態を予言することはリスクも大きいが避け難いことでもある。一〇年前、マスコミに登場した学者先生や専門家たちは我々に、左翼は死んだとか、瀕死の状態だとか話していた。ところが今は欧州連合（ＥＵ）一二カ国で左翼が政権を握り、その中には——歴史上初めて——四大国、つまりドイツ、イタリア、イギリス、フランスが含まれている。新しい欧州左翼はかってなく統一し、団結し、より均質的な価値観を共有している。個々の国の間には周知のような幾つかの相違があるにもかかわらず、欧州大陸の西部には今や広く共通する政策がある。

欧州の社会民主主義政党の多くは自分たちの「新しさ」を一生懸命に強調している——事実、イギリス労働党はこの言葉を自分の名前に付けたくらいである。修正主義の歴史は左翼と同じくらい古いが、今日の修正主義は実際に新しい段階に入っている。これは「恥ずべきこと」というわけではない。いかなる政治勢力でも、自己批判で自己の存在理由を定期的に証明しない限り生き残ることはできない。いかなる政治勢力もその基盤は過去の改革のうえに築かれる。改革が失敗した場合も、例外ではない。これから検討する一九五〇年代の終わりと一九六〇年代の初めの修正主義と同じように、現在

の「第三の道」（ブレア）、「干拓地モデル（poldermodel）」（オランダ労働党）、「複数左翼」（gauche plurielle）（ジョスパン）、「新しい中道」（Neue Mitte）（シュレーダー）は、無から生れたものではないし、ましてやマーケッティングの専門家たちの禁煙室の論議から生れたのでもない。これらの路線にはそれぞれの過去の歴史があり、また未来もあろう。

新しい収斂

欧州、特にフランスのマスコミは、トニー・ブレアの見掛けの近代性と、リオネル・ジョスパンの急進性とを対比させ、その他の指導者を彼等の中間のどこかに位置付けることが好きである。だが欧州左翼の追求している政治は、彼等の説明に反して――相違性よりも同一性の方が大きい。

特に共通の傾向が強いのは、欧州左翼の実践する経済政策である。イギリス労働党政権の企業寄りの発言で欧州社会党のなかにはショックを受ける党員がいるかもしれない。だが欧州の社会党は例外なく、高い経済成長と生産性の向上とを目指し、健全な資本主義経済の発展を促進しているのである。その理由として挙げているのは、彼等が古い政策を放棄したのは古い価値観を投げ捨てたのではなく――どの政党も決してそのようなことは考えてはいない――世界の変化、つまりグローバル化、労働力における女性の比重の増大、労働者階級の消滅、共産主義の離脱およびインターネットの出現である。

特に、すべての国々が第一の敵はインフレーションだというオーソドックスな見解に傾くようになった。すべてが中央銀行の独立性の原則を受け入れている。ドイツのような、幾つかの例ではこの原則は数十年前に確立された。公定歩合の決定権をイングランド銀行に譲るというイギリスの選挙後のゴードン・ブラウンの声明は、インフレ撲滅政策の責任を国立銀行に与えるというスウェーデンの決定と一致している。今日の中道左派政権は市場を礼賛している。だが彼等はまた、ブレアもジョスパンも、シュレーダーもダレーマも市場を知ると同時に市場の欠陥も知っている。だから何のためらいもなく青年の雇用創出のために補助金を支出するのである。

イメージと現実とは、必ずしも一致しない。新しい社会民主主義者は企業びいきかもしれないが、ジョスパンもブレアも（シュレーダーは違うが）法人税を引上げている。ジョスパンはよく古い型の社会主義にノスタルジーを抱いていると評されるが、事実はブレア（彼はただ民間部門を賞めたたえるだけである）よりも民間部門への補助金支出では彼よりもはるかに気前がよいのである。ジョスパンの週労働時間の短縮には非常に批判が大きいが、これも実際には労働市場のフレキシビリティを増大させる効果をもたらすことになるだろう。他方、ブレアは常に労働市場のフレキシビリティが大きいアメリカ・モデルを支持している（だがこれを最初に唱道したのはオランダの社会主義者だった）。しかしブレアは欧州社会憲章を受け入れることによって、労働時間に対する国家的規制を強化する措置をイギリスに採用したのである。

公共部門と民間部門の関係に関する伝統的な議論にもさらに共通な変化が見られる。今や社会民主主義政党はすべて公的支出の増大には限度があり、国有化の時代は終ったことを認めている。民営化は容認できるばかりか、望ましいものになった。この問題では一般に信じられているよりも意見の相違は小さい。シュレーダーもジョスパンも保守党の前任者よりも民営化計画に熱心である。（これと対照的にブレアは、郵政省の民営移行に反対した）。だが欧州左翼は、最新の資本家企業が絶対的な優位性を持つことに甘んじてはいない。イギリス左翼では、最近になって共済企業の有用性に対する関心が復活し始めている。スウェーデンでは、いかにして巨大な年金基金の金融力を利用して企業に労働条件の向上と環境条件を向上させるかという論争が行なわれている。（ここで注意しなければならないのは、このような相違は必ずしもイデオロギー的なものではないということである。年金基金の社会的または政治的な利用は、左翼が比較的強いイタリアやフランスと違い、強力な社会主義政党がないカナダやアメリカの方がもっと進んでいる）。

さらに福祉国家が改革を必要とするという共通の信念がある。国によって福祉問題が異なるのはいうまでもない。つまり、イタリア、スウェーデンおよびドイツでは年金、オランダの障害者給付、イギリスは失業保険や片親給付の問題である。だが福祉改革に対しては共通のアプローチがある。特に興味深いのは、イギリスで実験されている措置の拡大が、スウェーデンで社会民主党の普遍性原則（国民皆保険制度）の「再定義」に反映されていることである。本書の第四章でアンネ・マリー・リンドグレンは、スウェーデンで先駆的に実施されている「福祉ではなく職業福祉を（workfare not welfare）*」の原則を我々に思い起こさせる。実際、「スウェーデン・モデル」の基礎は常に、失業者に職業訓練または学校教育を受けることを保証する積極的労働市場政策である。

（＊訳注　福祉給付を受ける人々に対して若干の労働や職業訓練への参加を要求する福祉制度）

今や「積極的福祉」の観念は共通の基盤になりつつあるが、幾つかの国ではこれに加えて労働倫理と福祉給付詐欺に対する取り締まり強化が改めて強調されている。（オランダの一九八〇年代の「厳正な司法」「労働、労働、もう一度労働」というスローガンなどは、イギリスの新しい労働党の政策を先取りしたようなものだ)。だがここで需要主導型の雇用の創出の必要性に関しては、意見の相違が残っている。それはリンドグレンが問うように、「もし失業者に仕事がなかったときはどうするのか?」という問題である。社会民主党の福祉政策は――イギリス労働党のニューディール政策を含めて――依然として不可避的に力強い資本主義的経済成長に依存せざるをえない。

税制と公共支出の役割に関しても意見の相違は残っている。イギリスでは、依然として税金は国家による強奪であるという考えが広く行き渡っている。だから閣僚が公共部門や公務員を賞めたりすることは常に幾分の驚きをひきおこすことなのである。ところがフランスでは、その反対にリオネル・ジョスパンや彼の主要閣僚のマルチネ・オーブリやドミニケ・ストラウス・カーンが公共部門の労働者や課税の原則を頑固に擁護したりするようなことは、イギリスでは滅多に見られないことなのである。だが政治的言動におけるこのような相違は、それぞれの国の置かれた状況の中に位置づけねばならない。公共部門に対するフランス人の敬意は社会主義者だけに特有なものではなくて、ドゴール主義者を含めた国家主義的・共和主義的伝統の一部なのである。イギリスでは新労働党はサッチャー主義者たちの時代から引き継がれた税制に関する社会的論議に応えざるを得ないという制約を感じている。事実、ゴードン・ブラウンの編成した予算は一〇%の最も富める層の所得を最も貧しい層へと「こっそり」と最分配する一方で、新労働党は公共サービスを近代化させる積極的な試みと、公共支出、特に教育・保健予算を大幅に増大させる措置とを併せて実施したのである。他方、フランスでは、フレデリック・ミシエルとローレン・ブーベが第三章で説明しているように、公共サービスの観念が実際にやや危機に陥っているのである。イギリス労働党を含めて欧州の左翼政党はすべて今熱狂的な欧州統合の支持者なのである。（かつての彼等は必ずしもそうではなかった。一九五〇年代の欧州共同体の創設は中道右派の計画であり、当時政権の座になかった欧州社会民主主義政党のほとんどが資本家たちのクラブと見なしていた）。だがこの種の熱狂の程度には違いがある。フランスではブレアは欧州連邦に関してはジョスパンよりはるかに慎重とみなされるだろうが、一方イタリアならブレアは徹底した懐疑論者と見なされることだろう。こうした脈絡のなかで、欧州左翼内部の意見の不一致を強調する人々は、しばしばブレアの親米的傾向を指摘する。確かにそれは事実だが、あまりにも誇張されすぎている。反米的傾向が欧州社会主義の主流になったことはいまだかってない。一九六〇年代初め以降、ＮＡＴＯの社会主義政党はすべて大西洋同盟支持者になった。ブレアがミロシェヴィッチに対する爆撃を最も熱狂的に支持したことは事実である。だがセルビア人の立場からすれば、熱烈に爆撃を支持した者と嫌々ながら支持した者との間に大きな相違があるとは信じられないことである。事実、フランスはイギリスよりもＮＡＴＯのキャンペーンに大きく貢献したのである。

連立政策の重要課題

このような政策の収斂は、社会主義諸政党が政権獲得に成功した当然の結果である。野党時代の政党は夢のような理想を語ることができる。野党なら宣言を作り、インタビューを行ない、声明を発表し、演説を行うことができる。だが政権党になれば統治しなければならないし、権力の束縛によってあらゆる政党は同じ狭い道を歩むよう強制される。現在、社会民主主義政党が政権を握っているのは、過去二〇年以上にわたり共通の国際的環境の中で同じ諸問題に直面せざるをえなかった諸国である。たとえそれらの諸党の政策が収斂したとしても不思議ではない。

このことは国によって相違があることを否定するものではない。だがそれらの相違の多くは、社会主義諸政党が依然として、――選挙情勢や議会情勢の相違に加えて――非常に異なる政治文化や政治的遺産の問題をうまく切り抜けなければならないという事実で説明することができるのである。

だからブレアが議会で絶対多数を擁しているのに、それ以外の殆どすべての社会主義諸政党が他の政党との連立または支持を受けているのである。ある場合には、彼等より右の諸政党との連立（ベルギー、オランダおよびルクセンブルク）であり、他の諸政党は彼等より左の政党（ドイツ、イタリア、フランス、デンマーク、スウェーデン）との連立政権である。フィンランドとオーストリアは保守政党との大連立である。これらの事情はすべて、ブレアが直面したこともない諸問題を生み出す。トマス・マイヤーが第二章で説明しているように、ドイツのSPD（ドイツ社民党）は環境問題で失敗すれば緑の党に票を奪われ、経済的繁栄を犠牲にして環境問題に力点を置けばCDU（キリスト教民主党）に票を奪われる危険性があるのである。イタリアでは、ダレーマはもし右へ動けば比較的急進的な彼の支持者たちを共産主義諸党に奪われ、もし過度に左翼に譲歩すれば中間層の支持を失うことになる。オランダのように社会民主党が保守政党と連合している場合には、主要な危険は緊縮財政を強調しすぎることである。

ジョスパンに関して言えば、彼はブレアの強力な政権をいくらか羨望の念を持って見ざるをえない。

ミシエルとブーベが指摘するように、フランス首相は自己の少なからぬ技量のすべてを五党連立の維持のために用いることを余儀なくされるのである。このことは政府内部でも国民議会内でもたえず連立与党との内部交渉を行うことを必要とし、さらにこのほかに、やむを得ざる保守のジャック・シラク大統領との保革連立が加わるのである。だがこれらのことがフランス社会党の人気を不当に弱めているようには思われない。彼等が愉快げに指摘するように、フランス社会党は一九九九年六月の欧州議会選挙で勝利した唯一の社会党だったのである。

イギリスとその他の欧州諸国との選挙制度上の相違は、重要な考察対象になる。ごく最近までは、新政権が前政権のすべての政策を――まるで国家という船が原動機付き自転車のように操縦できるように――一八〇度転換させることを期待できる国といえば、二大政党制度が深く根を下ろしたイギリスだけだったろう。ヨス・デボイスが第五章で説明するように、連立政権制度が確立してオランダのような国は、ある程度の政策の継続性は不可避であるだけでなく、正当であると認識しているのである。

ついでながら、我々が自由民主主義者との理解しあわねばならないというブレアの主張や、彼の労働党のルーツがリベラルにあるという認識は、このような文脈において解釈すべきである。イギリス内部では、この主張は多くの人々を驚き呆れさせた。だが驚くことはない。これは歴史的事実の遅きに失した認識なのである。ボイスが明らかにしたように、オランダの福祉国家はイギリスと同様に半世紀にわたるさまざまな政治勢力との間のコンセンサスの産物なのである。

古い修正主義と新しい修正主義

社会主義政党にとっては、まるで世界がやっと昨日生れたばかりで、過去がまるで不毛な焦土だったかのように思われる時がある。アンネ・マリー・リンドグレンが指摘するように、スウェーデンの社会民主主義者たちは自分たちが「中道」路線を発見するのに五〇年以上もかかったことを忘れがちである。シュレーダーは（多くの若いドイツ人もそうだが）、ヘルムート・シュミットのことを思い出すことはない。ブレアは「古い労働党」を軽蔑しているので——ダウニング街で彼に助言する多くの若い人と同様に——自分の前任者のジョン・スミスがいかなる主張をしたかを忘れたふりしている。ジョスパンはミッテランの想い出に当惑し、ダレーマはまるでトリアッチやベルリンゲルが存在したことがなかったかのように振る舞っている。現代では「新しさ」や「現代性」の魅力は百年前と同じように強い。

政治家たちが、あたかも世界が作られたのは自分たちが選出された昨日であるかのように振る舞うのは理解できることである。もし彼等が過去を思い出したくないなら、過去について語らないほうがよい。だが歴史家たちにとってはこういう選択は取れない。過去こそが歴史家たちの仕事だからである。だから彼等は、社会主義者の教義の現代の修正が実際には過去の修正主義と驚くほど似ているということを忘れたがっている人々に対しても思い出させなければならないのである。

最初の偉大なる修正主義は、一八九〇年代中期のエドワルド・ベルンシュタインの論文だった。彼は、資本主義がマルクスが予見しなかった新しい段階に到達したと主張した。彼は、資本主義は自己制御によって恐慌を避けることができ（この点では彼は誤っていた）、小企業にも未来があり（この点では彼は正しかった）、民主主義は階級闘争のルールを変えた（これも正しかった）と論じた。彼が、社会主義が国家の終焉（end-state）またはポスト資本主義社会であるという考え方を拒否したことは特に記憶されている。彼の主張では、社会主義とは目的ではなく、過程である。

ベルンシュタイン以降、社会主義者たちは定期的に自分たちの見解や立場を修正し始めた――通常は状況の変化に対応して、またほとんど常に政治的敗北の結果として。論議は決まったパラメーター――資本主義はかつてのような資本主義（または少なくとも我々がそうだったと考えていた）ではない。労働者階級もかつてのような労働者階級（または我々がそうだったと考えていたような）ではない。もし社会主義者が変わらなければ、消滅するだろうというような――に基づいて進行した。マイヤーが第二章で指摘するように、一八九〇年代ではベルンシュタインは少数派で、左派は古い原則を固守していた。今日ではその反対に修正主義は賢明さとして容認され、党指導部によって推進され、一般党員によって（程度の差はあれ）支持されている。さらにこれまでのところは修正主義はかなりの成果を収めている。

このことは今日の新しい修正主義と一九五〇年代終わりと一九六〇年代始めの最後の大きな修正主義の出現との間には、興味ある対照をなしている。この当時、ドイツ、フランス、イタリアおよびイギリスその他の諸国で、社会主義政党（またいくつかの共産党）は、自分たちの原則を再検討し、自分たちが反生産的とみなしたイデオロギー的な邪魔物を放棄した。ドイツのＳＰＤは先駆者だった。

SPDはマルクス主義や反宗教主義を乗り越えて、初めて漸進主義的な社会民主主義政党として姿を現し、「必要なかぎり計画を、可能な限り市場を」という有名なスローガンをもって公共部門の役割を引き下げたのは、一九五九年のバート・ゴーデスベルク綱領においてだった。また次の年には、SPDはNATOを承認した。

今日のノイエ・ミッテ（新しい中道）や「第三の道」と同様に、バート・ゴーデスベルク綱領は政治的市場における一つの実験だった。だがこの綱領も何かあたらしいことを達成した。トマス・マイヤーも説明しているように、この綱領はイデオロギー分野における正統派主義と実践における一種の不徹底なプラグマチズムという党内に深く根を下ろした二元論と絶縁した。それはゲイッケルが一九六〇年に、生産手段の公有を唱えるイギリス労働党規約第四条の廃止の提案によって試みたのと全く同じ断絶だった。ゲイッケルはアンソニイ・クロスランドが初めて切り開いた道を歩んだ。クロスランドの修正主義のバイブル『社会主義の未来』が出版されたのは一九五六年であるが、この本は今では広く読まれていないがいまだに引用されている。ゲイッケルは失敗した。だが彼よりももっと漸進主義的なテクノクラティックな修正主義が現われたのは、ハロルド・ウイルソンが労働党党首になってからそれほど経たない時期だった。これと同じような動きがイタリアのイタリア社会党（PSI）にも現われた。また実際に理論化はされていないが、ノールウェイやスウェーデンの政権党の社会主義政党にも現われた。

一九五〇年代や六〇年代の修正主義と今日の修正主義との間には、同一性と同時に相違性がある。これら二つの運動が現われたのは、長期にわたる右翼のヘゲモニーの後だったということである。戦後の左翼が初めて大敗した後、一九六〇年までに政権の座にあったのはわずかにスウェーデンとノールウェイだけだった。西欧全体にわたって保守は首尾よく復権を果たした。

これと同様に、現在の修正主義も一九八〇年代の保守主義の直接的な結果である。これは南欧における社会主義の目覚ましい成功――フランスのミッテラン、ギリシャのパパンドレウ、スペインのゴンザレス、イタリアのクラクシ――にもかかわらず、レーガン、サッチャー、コールの時代として記憶されるだろう。実際にこのような勝利は逆説的に一九八〇年代の保守の勝利のイメージを強めているように思われる。というのは彼等は、新自由主義ドクトリンのたえざる漸進を食い止めることに失敗したからである。ミッテランやパパンドレウのようにそのために努力した者は、自分たちのラディカリズムにブレーキをかけざるをえなかった。ケインズは屋根裏に閉じ込められ、ハイエクが名誉回復された。社会主義者たちは、資本主義を愛することを学んだ。

一九五〇年代の保守主義者たちはその逆だった。勝利した保守主義者たちは戦後の社会民主主義が育成した主義――弱者の社会的包含、完全雇用、財政による再分配、福祉国家――の幾つかを受け入れざるを得なかった。このような同化は困難ではなかった。これらの保守政党の大半（イタリア、ドイツ、オランダ、ベルギー）は、全くの資本家的政党ではなく、個人主義を嫌い、社会的団結という伝統的な価値観を保持する「社会的」キリスト教政党だった。その他は、「一国」保守政党（イギリスのトーリー党やフランスのドゴール主義者）が望んでいたことは、ある種の壮大な国民的コンセンサスの達成だった。本物の頑強で徹底的に親資本家的な見解を持っている政党は、専ら小さな自由主義的政党だけで、これらの政党の一握りの投票は――その大半は主として頑迷な金持ちであるが――

単にケンイズ以前の時代遅れの異物に過ぎない。

かくしてこれら両つの時期の修正主義の保守と左翼の相違の意味するものは、言葉ほどには重要性を待たない。事実、二つの時期に行なわれた説明はかなり似ている。一九五〇年代に、ダニエル・ベルやその他の人達はイデオロギーの終焉を主張し、他方、オットー・キルヒハイマーは労働者階級のブルジョア化を予告し、――まるで社会主義政党が、アトリーからトリアッチに至るまで、中産階級の支持を積極的に追求したことがなかったかのように――社会主義政党は国民政党(catch-all parties)に転換すべきだと論じたのである。一九八〇年代の終わりまでに、これと同じことが違う方法で主張された。つまり、歴史は終わった、左翼や右翼は過去の壮大な叙事詩以後の時代に用いられた流行遅れの言葉に過ぎない、労働者階級は永遠に去った、そしていまや我々の全部がブルジョアになったというようなことである。

一九五〇年代と一九九〇年代ではもう一つの重要な類似点がある。資本主義の生き残る可能性についてのペシミズムの支配した時代に続いて目覚ましい回復の時代が生れたことである。一九四〇年代には、運命的なマルサス主義的予見が広がったが、社会主義政党の間には広がらなかった。一九七〇年代には、石油危機、労働組合の戦闘化やインフレの昂進や失業が同じようなペシミズムを発生させた。これらの両時期のペシミストたちは狼狽していた。資本主義はただ単に第二次世界大戦を余波を切り抜けただけではなかった。一九五〇年代の終わりの経済成長率は、ドイツ、フランス、イタリアでは特に未曾有の高さだった。だれもが言ったように、それは経済的奇跡だった。これと同じように驚くべきことは、一九八〇年代と一九九〇年代の資本家的幸運の復活だった。エネルギー危機は消滅し、石油価格は暴落し、インフレは下火になった。かっての公有企業の民営化の推進の時期と期を同じくして、驚くべき株式市場のブームが生じ、新しい新規投資家たちは、見掛け上の右肩上りの株価の上昇の幸運な市況を楽しんだ。

憲法改革　新しい修正主義者の課題

だが両時期の修正主義の間には、主要な点で相違する点が一つある。それは一九五〇年代の終わりと一九六〇年代初めの修正主義者たちは「ブルジョア国家」の非妥協的な擁護者に留まっており、それが結局、彼等を合法的存在にしていた。ところが今日ではさまざまな方法での憲法上の改革が殆どすべての社会民主主義政党の課題になっているのである。

一九六〇年代にドイツ社民党はドイツ統一をめざす「国民」政党になり、やがてドイツ・モデルを誇るようになった。スウェーデン人たちは、魅せられた訪問者たちにスウェーデン・モデルの驚異を説明していた。共産党でさえ現行憲法の熱心な擁護者だった。フランスでは、フランス共産党は第四共和国が崩壊寸前の時でさえそれを熱心に擁護していた。イタリアでは、イタリア共産党はイタリア憲法と「社会主義へのイタリア独自の道」の党であった。イタリア共産党は、戦後憲法の下では決して政治権力を獲得できないにもかかわらず、戦後の独創的な憲法体制を頑強に擁護した。この態度が変ったのは一九八〇年代になってからだった。一九九〇年代初め、政治腐敗のスキャンダルがイタリア第一次共和国を崩壊させた時に、憲法改革――あるいは少なくとも憲法改革について論議すること

——が、左翼の政綱になった。

同様に、戦後のイギリス労働党も現行制度の熱心な擁護者だった。偉大なアトリーの改革政権もウイルソンの三次にわたる政権も、君主制や世襲上院議員の特権や選挙制度や連合王国の中央集権制の改革については決して手を付けようとはしなかった。労働党は、彼等より柔軟な保守の反対党が欧州のドアをノックし始めた時でさえ、欧州統合に対して英国国家の主権を擁護していた。

今や役割は変わった。保守党はイギリス・ナショナリズムの政党になり、首を深く砂に突っこみ、政治生活の唯一のあかしとして羽をバタバタさせているだけである。トニー・ブレアの労働党はウエールズとスコットランドの権力を譲渡し、欧州単一通貨の原則を承認し、小選挙区制をもはや非妥協的に擁護することはやめ、地方政府を改革し、イタリアから首長の直接選挙の考え方さえ採り入れるようになっている。

フランス社会党が一九八〇年代にフランスの中央集権制を弱めた成果は過小評価されがちだが、上院の権限の修正と憲法改正が真剣に論じられている。ドイツのＳＰＤはＣＤＵ（キリスト教民主同盟）の断固たる反対を押し切って、移民労働者の子供たちにドイツ国籍を与えることを否定する血統主義の原則を放棄し、「ドイツ生まれ」であることを証明できる者には誰でもドイツ国籍を与えようと努力している。

グローバル化と新しい民主主義的な道

どこでも同じように国家改革の問題に関する比較的大きな急進主義が見られるのではない。社会民主党は常に自党の政策を自分たち自身の特殊な政治的・経済的制度に適合させて形成してきた。だが収斂しつつある今日の修正主義の多くは、国民経済の基礎の部分的な溶解に対する不可避的な調整なのである。

資本主義のグローバル化は勢いを増し、社会民主主義や国民国家との歴史的妥協の主要な環境から遠ざかりつつある。グローバル化に関する論争、現実の問題を反映する政策の混乱——国民国家は直面する束縛——は、あらゆる欧州左翼の諸政党の中で荒れ狂っている。ここにオプチミストたちとペシミストたちとの間の根本的な意見の対立がある。オプティミストたちはグローバル化を経済成長の一層の上昇とグローバルな統治政策を再形成する機会と見なすが、ペシミストたちは国民経済に与える影響を和らげようと努力しているのである。しかし、あらゆる側面でグローバル化は政治家たちに国家を越えた方法で考えることを強制する。狭い、国内だけに束縛された社会主義の時代は完全に終わった。

これまでのところ、多数派はオプチミストのほうである。マイヤーが指摘するように、彼等の主張を裏付けているのは、経済的グローバル化はまだ広範に進行しているとは到底言えない状況にあるという認識である。特に商品とサービスの市場は、グローバル化というよりはむしろ欧州化の段階に留まっている。このことは、国家レベルでも欧州レベルでも未だマクロ経済政策の余地があるということを意味している。これは欧州連合の発展に対して特別な結果を持っている。政権にある多くの左翼政権にとって、今や社会的・経済的方向での統合を深めると同時に、ＥＵを東欧と中欧へ拡大する絶好の機会である。

欧州全体の中道左派政党は、もはや社会主義への国民の道という快適な世界に戻ることができないことを理解している。英国の社会主義者たちがこの厳しい現実を理解するまでに長い時間がかかった。オランダのような比較的小さく、ガラスばりの国では経済的・政治的相互依存性は古くから身に付いていた。だが欧州の社会主義政党で、二一世紀の社会民主主義のあるべき姿を発見したといえる党はどこにもないだろう。諸国家の憲法と欧州憲法との関係、ポスト冷戦後の時代に対応した対外政策、新しい欧州の社会民主主義モデル、これらはまだ発見されていない。

社会主義政党はすべて（あるいはそれらの政党の多く）は、もはや後戻りできないことを理解している。だが彼等はいまだに進むべき方向に確信が持てないでいる。ここに新しい欧州左翼が直面する大きな任務がある。もし社会主義の理念がとにかく生き残ろうとするなら、今日の修正主義は、ここ二〇年来の諸変化に追い付くためにもっと努力し、未来に向かう新しい道を計画しなければならない。

第2章　ゴーデスベルク綱領から「新しい中道」へ
——ドイツにおける社会民主主義——

トマス・マイヤー

一九九八年選挙におけるドイツ社民党（ＳＰＤ）の勝利は、ＳＰＤの一三五年の歴史に新時代を開いた。ＳＰＤは長い野党時代の後に政権を獲得し、緑の党と初めて連立政権を組んだ。だがこの勝利のすぐ後にやって来たのは不確定の時代だった。勝利をもたらした「革新と社会正義」という選挙スローガンの中身は、ドイツの行政の近代化というごく一般的な約束に、以前の保守中道政権が開始した福祉予算の削減の大半を撤回するという幾つかの具体的な公約とを取って付けたものにすぎなかった。だが公約された革新と社会正義の全容は、全く不明確のままだった。

総選挙後もドイツ社民党の政治的進路は依然として論争の種だった。一九九九年四月のラフォンテーヌの辞任と、一九九九年六月のブレア・シュレーダーの共同声明（注・『欧州・第三の道／新しい中道』）は、社会・経済政策に関するシュレーダー政権の政治課題の本質をめぐり公然たる論争が発生する引き金になった。処理しなければならない諸問題のリストは広範にわたっている。よく挙げられるものだけでも、膨大な連邦予算の赤字、約一〇％を越える失業率、耐えられぬほど高い税率に対する世論の不満の高まり、現在の福祉公約（特に保健・老齢年金問題に関する）の予算化をめぐる不安、労働市場の硬直性と直接・間接の労働コストの高さ、賃金と所得の不平等の増大、持続可能な環境をさらに改善するための改革の推進などがある。これらの諸問題は、社会民主主義の思想と政策を革新しなければ適切に処理しえないことは中道左派の常識になっている。しかし、ブレア・シュレーダーの「第三の道」綱領に対するSPD内の最近の反応は、政治の近代化の諸条件に関する見事なバランスを示している。このメッセージは明確である。改革は必要だが、社会正義と連帯という社会民主主義的価値観は、近代化推進の過程の厄介物であってはならないということである。

ゴーデスベルク綱領以後

SPD内部で修正主義についての論争が生じたのは、今回が初めてではない。SPDの一九五九年のゴーデスベルク綱領は――これによってドイツに基本価値に基づく実践的な社会民主主義的政党がドイツに生れた――は、リベラリズムと社会主義の重要な諸原則を結合させた。このようなパラダイム転換が行なわれる以前の約一世紀にわたるSPDの特徴は、政策面でのイデオロギー的な正統派マルクス主義、実践的な中途半端な改良主義という根強い二元論にあった。この二元論は、党内だけでなく広範な大衆の間にも同じ位の混乱を巻き起こした。ゴーデスベルク綱領は、このような状況を一変させた。この綱領は、理論と実践の新たな統一を生み出し、これにより綱領や宣言に示される党の理念とイデオロギーが、政策の策定や宣伝に取り組む党の活動家の日常活動を指導できるようになった。

ゴーデスベルク綱領による社会民主主義の再生は、自由、連帯、正義という基本価値観の重要性や福祉国家のような制度的枠組みの重要性を強調した。しかし、この綱領は私有財産の利用を支配する厳密なルールが――社会的統制や市場規制と同様に――、経験的にしか決定できないことを率直に認めた。

ＳＰＤは、一九五〇年代後半にこのような社会民主主義の修正主義的解釈を採択したため、「古い」社会民主主義の理念の多くを放棄したといういわれのない理由で非難されることになった。ゴーデスベルク綱領に続いて、ラジカルな修正主義の理念が―これは早くも一八九六年に、当時フェビアン社会主義の影響下にあったロンドン在住のドイツ社民党の知識人エドワルド・ベルンシュタインによって提唱されたものだが―スカンディナビアを経由してついにドイツに帰ってきたように思われた。このゴーデスベルク綱領は、もし社会民主主義がますます複雑化する社会の諸要求に応えようと思うならば、伝統的な社会主義の基本的価値とリベラリズムの制度的な観念の幾つかの要素を総合したものでなければならない、というベルンシュタインの主張を受け入れたのである。これは政治制度と経済の双方を運用することに関しては真実であった。複合社会における個人の権利、複数民主主義および市場調整が論じられたのは、社会進歩をもたらすのに必要な手段としてであった。それは、社会民主主義的価値の拡大のためにこれらのメカニズムが有効に機能するように監視責任がある政府が見過してきたからである。ゴーデスベルク綱領採択以後、四分の三世紀にわたり社会民主主義的思想を支配してきた民主的マルクス主義はＳＰＤ内部では少数派になり、わずかな知識人に支持されるに過ぎなくなった。数多くの見せ掛けを持つ様々な共産主義的グループや政党に代表される非民主的マルクス主義は、それ以後の党内で全く役割を失った。

ゴーデスベルク綱領は、一九六九年から一九八二年までの間、SPD主導の連立政権を誕生させ、社会の民主化、教育改革、文化的近代化の計画を実施する道を開いた。だがSPD政権のゴーデスベルク路線は、二つの大きな挑戦に直面した。

第一は、平和、男女平等、環境などの新しい社会運動である。これは新たな政治課題を提起し、ドイツ市民の一層多くの部分の選挙行動を変え始めた。これらの運動はSPDの多くの党員を含むドイツ左翼に決定的影響を与え、一九八〇年には緑の党の創立となり、中道左派のかなりの票を獲得した。一方、新しい社会運動に関する関心は、SPD内部の継続的な論争のテーマになった。この時以降、社会民主主義者たちは、中道左派の投票のシェアを獲得するためには環境保護運動の提起する新たな政治問題に継続的に対応しなければならなかったのである。

SPDが直面した第二の大きな挑戦は、環境問題に匹敵するほどの決定的な問題になった。その問題の中には、グローバル化の発展によってもたらされた社会的・経済的諸条件の変化に適合する綱領の策定も含まれていた。大量失業の圧力の下で、自由党との連立を組んでいたSPDは、いやいやながら緊縮財政の方向へかじを取り、その結果、社会福祉予算の削減とサプライ・サイド・エコノミックス政策が採択された。だがSPDが継続的にこの路線の方向で大きな譲歩をする決意が見られなかったので、自由党は一九八二年に連立政権を離脱し、SPDはその後一六年以上にわたり野党の立場に転落することになった。

ベルリン綱領とドイツ統一

これら二つの挑戦は、一九八四年から一九八九年にかけてＳＰＤ内部の政治的論議（初めはウイリ・ブラントの主宰で行なわれ、次いでオスカー・ラフォンテーヌ、ハンス・ヨッヘン・フォーゲルに引き継がれた）の発展の原動力になり、その頂点がベルリン綱領として知られる改革政策であった。

これはまさにゴーデスベルク綱領を越える一歩だった。というのはこの綱領は、環境改革の必要性に経済管理の伝統的なケインズ・モデルを適合させる重要課題とを銘記させる方法で社会民主主義の中核的な計画を作り直したからである。政治的には、この綱領はＳＰＤや新しい社会運動や諸部門の新たなテクノクラートたちの改革のための広範な同盟の基礎を与えることが想定された。その政策の決定の基礎は、伝統的な社会民主主義の諸課題、新たな社会運動の諸観念、軍拡競争の終結に基づく安全保障政策、平和共存をめざす国内的諸制度の確立、すべての女性と男性に適切な雇用と平等待遇を保証する権利を有する社会的平等、民主的な枠組みの中で行なわれる科学技術の発展、生活の質の強調、市民のイニシアチブと活気に溢れる市民社会の奨励による民主主義の改革などが一体となったものである。

ここで忘れてはならないのは、この新しい綱領は選挙に勝つことをめざして、一握りの党指導者を助けるためのアイデアマンの指導者たちのグループによって作成されたものではないということである。またそれはエリートたちの起草者の作成したものでもなかった。これは多数の党活動家たちの長期間にわたる包括的で慎重な討議の結果に生れたものだった。この綱領には、新しい社会民主主義政治に関する新しい党のコンセンサスが反映され、新しい選挙方針を練り上げることをめざしていた。

だが一九八九年は分岐点だった。東独共産主義の崩壊の結果、ドイツ再統一が成り、膨大な費用を要するプロジェクトが大きな姿を現した。新しい政治綱領は冷戦後の世界秩序やグローバル化の急速な発展や再統一の政治的・経済的な大きな激変の試練に耐えられなかった。ＳＰＤは新しい社会的環境改革の党としての新しいイメージから支持を引き出せなかったばかりか、選挙民の支持や政治的信頼を失い続けた。

ＳＰＤが明確なビジョンや有能な指導部を持たない無能な組織という印象を与えるようになった原因の一つには、急速な党首の交代があった。ウイリ・ブラントの後を継いだハンス・ヨッヒエン・フォーゲルは一九八七年から一九九一年まで、その後のヨハネス・ラウが一九九三年まで、ルドルフ・シャルピングが一九九三年から一九九五年まで、オスカー・ラフォンテーヌが一九九五年から一九九八年まで、その後をゲルハルト・シュレーダーが党首を引き継ぐなど、頻繁に党首が交代した。連邦議会選挙に臨む党首や連邦首相候補らは、ベルリン綱領からいくつかのテーマを取り上げてＳＰＤの新しいイメージを作り出そうとしたが、明確な党の政治方針を創造することは出来なかった。

これらすべてのことは、経済的グローバル化とドイツ再統一の効果が福祉国家への圧力を強め、失業者数が増大した時に生じたのである。これに対応する新しい政策が一九九〇年代の初めから半ばにかけて策定され、ＳＰＤの新しい経済政策になった。これに含まれるのが、間接的な労働コストを減らすための労働市場政策、給与所得税の引き下げとその見返えりとしての環境課税などの政策である。

さらに積極的産業政策、特にハイテク分野における技術革新を開始する努力が改めて強調された。福祉国家の中心的骨格を守る目的は、二つあったように思われる。第一は、新しい経済における敗者の社会的品位と安全の最低限の水準を維持することであり、第二は景気循環を安定化するために物品とサービスに対する需要を増大させることである。これを総合して判断すると、ディマンド・サイド・エコノミックスとサプライ・サイド・エコノミックスの混合されたものであった。だがこのことの最も重要な政治的メッセージは次ぎの点にあった。つまりＳＰＤは断固として福祉国家を守るということである。

ＳＰＤの政治的ジレンマ

それを持続させることは出来なかった。最近の「ノイエ・ミッテ（新しい中道）」政策の出現は、ＳＰＤ綱領上の重要な変化を示している。それはさまざまな要因の組み合わせに触発されたものである。

これらの諸要因の中で第一に挙げられるのは、悲しむべき選挙記録である。ＳＰＤは五回続けて連邦選挙で敗北した（だが州段階では連邦レベルよりはるかに強さを発揮した）。党の最高指導者の急速な交代、アカデミックな理論とマスメディアの双方におけるネオ・リベラル的経済イデオロギーの圧倒的な優勢、党の経済運営の力量に対する大衆的支持率の低さ、これらすべてがこの敗北に決定的な役割を演じた。この記録を逆転させることは、構造的な経済的・社会的変革を遂行する新たな方法を発見することを意味した。いうまでもなくシュレーダーが「新しい中道」（ノイエ・ミッテ）の路線を展開した理由の一つには、マス・メディアからの積極的な反応を引き出すことと、中産階級内部に勢力範囲を広げるという狙いがあった。だがそれはまた根深い政治的ジレンマを解決する新しい道は、政権の座についた時に発見するしかないという確信を反映している。

この理由の一つは、階級的政治が消滅の一途をたどっていることから生ずる。同じ政治的態度と政治的志向で定義される伝統的労働者階級は、今やドイツ国民のわずか五％を占めるに過ぎないと考えられている。同一の政治的傾向を有した労働者階級の共同体は、ここ数十年に数多くの政治的グループに取って代わられ、ＳＰＤを自動的に支持するようなグループはなくなった。いまや労働者階級と中産階級のいずれもが、生活、労働および政治に対して非常に異なる態度を持つある範囲内の社会的・文化的グループによって構成されている。それらのグループは、「唯物論者」、「ポスト唯物論者」、「ポスト・モダニスト」などに分類される。これらの新しい社会グループのメンバーは、政党のイメージや業績に応じて次々と支持政党を変える傾向があると、広く考えられている。ＳＰＤがこのような数多い様々な政治グループを結集しようと思えば、それに必要な戦術転換を行わなければならない。これと対照的にＳＰＤ以外の政党では固定票の分解がはるかに少ない。もっと広く言えば、ドイツ多党制政治の性格がＳＰＤの戦略の再形成に大きい役割を演じているのである。このドイツの制度の性格が、ＳＰＤが同時に多くの様々な分野で闘わなければならないことを意味しているのである。もしＳＰＤが環境分野で失敗すれば利益を得るのは緑の党である。もしＳＰＤが経済成長を犠牲にして環境を強調しすぎればＣＤＵが得をする。もしＳＰＤが移民問題に寛大すぎて、失業問題を解決するために十分な努力を果たさないとみれば右翼のポピュリストが伸びる。ＳＰＤの社会民主主義的理想があまりにもぼやけてきた場合には、左翼のＰＤＳ（民主的社会主義党）が伸びる。他方、もしＳＰＤが改革政党としての特長を失うと棄権者層が増大する。ドイツの政治的市場では策略を行なう余地が殆どない。このような複雑な条件下では、ある範囲の有権者グループの共鳴が得られる二つないし三つの問題を選択して、懸命にしかも信頼できる方法でキャンペーンを行なうことによってしか有権者を獲得することはできない。現在の指導部も免れない教訓である。

さらにＳＰＤが路線転換を迫られている最も重要なジレンマは福祉国家の改革である。ＳＰＤが達成した輝かしい福祉の業績も、もしこの党が伝来の諸問題に新しい回答を与えることができなければますます大きな重荷になることは必然である。これらの諸問題の一つが大量失業問題の解決である。だがこれ以外にも福祉国家の構造的財政危機を逆転させるという緊急任務がある。これには医療技術の高度化にともない耐え難いレベルにまで達した保健制度予算の増大から、高齢化が年金制度に加える圧迫までの広い範囲に及んでいる。これ以外にも新しい形態の社会的リスクや単一争点(シングル・イッシュー）を主張する団体の要求にも政治的に対応しなければならない。この中で政治的論議の中心を占めるのは、核エネルギーの未来から遺伝子組み替え問題、米国の使命の達成のための軍隊の展開、移民政策などである。ＳＰＤの伝統でも中道左派の価値観でも、これらの諸問題の解決に役立つ教訓はない。『第三の道』の政治目的は、これらの諸問題の解決に役立つ一貫した枠組みを与えることでなければならない。

シュレーダーと「ノイエ・ミッテ」

一九九八年の総選挙でのSPDの勝利は、選挙キャンペーン中に四つの問題を強調した成果であった。第一は、グローバル化した世界においてドイツの地歩を高めるための徹底した経済の革新と近代化である。第二は、社会保障と社会正義を維持しながら、再び両者の均衡を回復することである。第三は、経済成長と雇用創出の原動力としての中小企業の支援である。第四は、大幅減税とより公平な税制改革の実施である。これらのテーマの普及を助けたのが、クリントン流の高度の洗練された選挙キャンペーンと連邦首相候補者であった。

だが選挙勝利直後の熱狂は長く続かなかった。選挙後の最初の数カ月のSPD主導政権を特徴づけたのは、環境、経済政策および税制改革の間の高度の緊張と混乱である。一年以上経っても「新しい中道」の基本哲学は、依然としてあいまいなままである。オスカー・ラフォンテーヌが蔵相と党首を同時に辞任するという驚くべき事件まで、この新しい政治方針はシュレーダーとラフォンテーヌの見解の相違を妥協させるためのプラグマティックな方法をとる必要からだと思われてきた。マス・メディアはこの相違を極度に単純化して「伝統主義と近代主義」との間の闘争と表現していたが、彼等の見解には非常に明確な境界線があった。ラフォンテーヌは、社会正義、福祉国家の維持、新しい形態の国際経済秩序の確立と積極的なマクロ経済管理という伝統的な中道左派的見解を強く強調した。これに対して、シュレーダーは社会民主主義の革新の諸条件についてブレア的解釈を採用し、福祉国家の改革のために企業と政府の間に新しいパートナーシップを築き上げ、グローバル化の現実を受け入れる必要があると主張した。

ラフォンテーヌの辞任にともない、ＳＰＤの大半の代表者たちや広範な大衆にとって新しい社会民主主義政治の本質に関して新たな論議が必要であることが明確になった。すでに仕上げられた（および未完成の）これらの政策を結合する哲学が表現されねばならない。これは政治的ご都合主義ではない。これを行なえば、第二期のＳＰＤ主導政権の明確な統治哲学を基礎づけると同時にドイツ社会が直面する最も緊急な諸問題に回答を与えることができるだろう。

当面の最も重要な諸問題――「第三の道」型の諸問題――は、ゴーデスベルク綱領の修正主義をさらに越えた手段を採らねばならないことを示している。だがそれは不可避的に社会民主主義的近代化のドイツ的解釈という独特の特徴を有し、重要な点でクリントやブレアの「第三の道」とは異なるものになるだろう。ＳＰＤの政治的文化や歴史、政治的市場での競争者との関係における立場や広範な政治制度の性格などすべての要因は、ドイツが独自の政治的近代化の道を歩むことを保障している示している。

クリントンやブレア流の「第三の道」路線に基づく改革の出発点は、経済のグローバル化を経済成長に及ぼすその結果と経済管理の方法と併わせて容認することである。だがグローバル化というのは非常にあいまいな用語で、範囲もきわめて広く、さまざまな意味がある。コミニケーション技術、環境問題、病気の流行、文化的傾向、ある程度は移民問題など、個々の国民が好むと好まざるとに関わらず、政治的国境を越えている。

このような国際化の過程は、ますます地球的規模で増大しつつある。実際、金融市場は、電子コミュニケーションと法的・政治的国境の侵食により、ここ暫くの間は文字どおりグローバルになっている。これらのことは、震源の移動を示している。だがそれらの震源は、国民国家とその統治能力の死を予告する「強力な」グローバル化の支持者たちの要求が達成されていることを意味するものではない。彼等よりもっと公平な分析によれば、物品やサービス市場、特に労働市場は依然としてグローバル化には程遠い状態にある。これらの市場の殆ど大半は、ある種の多国間形態はとっているが、グローバル経済というよりはむしろ地域的レベルで機能している。例えば、欧州連合では、加盟諸国の多国間貿易の八〇%以上は、単一市場内部で行なわれている。競争の圧倒的部分は欧州規模であり、グローバルではない。

グローバル化とSPD

これらの諸問題は、大きな国内政治的な意味を有している。「グローバル化」という用語の意味とその結果は、ネオ・リベラル的政治と社会民主主義的政治を分かつ決定的な断層線の一つである。二つの問題が、現代の政治的論議の範囲内にある。第一は、国内経済政策に関するものである。社会民主主義者にとっては、現在のレベルのグローバル化によって国内のマクロ経済政策が時代遅れになるものではなく、経済運営の政治的責任を減ずるものではない。第二の問題は、欧州の政治的・経済的制度の強化で国内的レベルで失われた政治的影響力の幾らかを取り戻すことができるか否かという問題である。これ以外にも多国間およびグローバルな統治形態をもっと有効なものにする広範な分野がある。最も重要な政治的問題は、指導的政治家がこの課題を推進する意志を持つか否かということである。欧州または国際レベルで、環境基準であれ、金融市場の規制であれ、雇用政策または税制調整であれ、政治的規制のより有効で問題解決に適した形態を創設する可能性がある。

ドイツにおける公開討論の中心的テーマの一つは、統治機構を修正しまたは改革することで、政府と被統治者の関係を変えることは、中道左派の政治の近代化の中心的部分でなくてはならない。だが、幸いなことに、新しい統治形態や、国家とその他の諸要因との間の新たな分業を創りあげるという目標は、伝統的なドイツ・モデルがうまく処理することができる問題の一つなのである。

政治的統治の既存のモデルを改革を迫る圧力の一つは、全く現実的なものである。複雑な社会において政治的・社会的発展を進めるのにトップ・ダウン方式に頼ることはますます困難になっている。近代的統治には、公共部門内部でも、国家と市民社会内部でも、新しい形態の協力が必要である。決定に際しては非政府団体を参画させる方式が考えられなければならない。これらのうちのいくつかは既に実施されている。実際、政府自体が社会的パートナーとして、社会的諸問題の解決を押しつけるよりはむしろ調停する役割を演ずることがますます多くなってきた。

社会民主党に政治的諸機能を市民社会に譲渡することを迫る第二の論拠は、現代社会における権利と責任を再び均衡させる必要から生じた文化的なものである。これは「協同体民主主義者」(communitarians) にはよく知られた論議である。市民の責任感覚を再び強調することは、政府に自動的に頼ることなく社会的諸問題を処理しようという自らの志向を強めることができる。だが国家と社会との間の政治的分業の改革を、国家から責任を剝奪して国家を民営化しようというネオ・リベラリズムの目標と混同してはならない。それはむしろ国家の介入のかなりの部分を不要なものにする努力なのである。集団活動による問題解決では、ボランティア原則で活動している社会団体のほうが有効な場合が多い。

だからSPD内部に「協同体民主主義者」について新たな議論が生じていることは驚くべきことではない。この思想学派は、公的責任を再民営化することを正当化する戦略として使用されない限り、社会民主主義哲学と政策を補完するために使用することが可能なように思われる。事実、この点に関する新保守主義的アプローチと「市民社会の政治化」の社会民主主義的概念との相違は、決定的である。

福祉国家の改革

ドイツ福祉国家は、財政的に持続可能でより広範な労働市場政策と経済的整合性を持つ改革計画を大いに必要としている。しかし、古い福祉国家構造の改革は、一世紀以上前にこの福祉国家が創設された基本的諸目的を維持する方法で行なう必要がある。老齢年金や労働市場に関しては、個人の役割は変えられなければならない。従来よりも大きな責任や自治と選択の範囲が必要である。例えば、老齢年金に関しては、どれだけの所得を貯蓄するか決定するのに個人に大きな責任が生ずることになるだろう。しかしこの責任は、高齢者が品位ある生活を送れるようにする最低年金保障制度に対応して決定されなければならない。労働市場に関しては現行の福祉改革は、二つの重要な意味を持っている。第一に、公的な雇用の提供は是認されねばならない。第二に、失業者がいかなる職場に雇用されても、納得しうる所得の増加がえられる権利を持たねばならない。これらの条件が集まって、個人と市民社会と政府との間の新たな責任の分業と協力の文化が生れるのである。

これらすべてのことを行なうことは可能であるし、また行なわなければならない。必要なのは、プラグマティズムと創造性と改革精神である。だが新しい社会民主主義の核心に存在し続けるのは、あらゆる市民が自分自身の努力が失敗した時には、尊厳ある生活を送りうる社会保障基準が適用される権利を持つという信条でなければならない。この品位ある生活の保障は、経済的メリットがあるか否かで左右されるものではない。したがって福祉国家は、人間的・社会的資本への投資や、マクロ経済でのイニシアティブの創造力の発揮によって新たな雇用の創造に寄与することに自らの努力を集中しなければならない。

価値と重大な岐路

「第三の道」や「新しい中道」をめぐる新たな政治的論議の現在の局面は、ドイツの社会民主主義の改革には今後もトニー・ブレアの挑戦の多くの改革が包含されるように思われる。だがそれには変革を保障するドイツ・モデルに適した方法を用いて、これらの挑戦に自らの政治的修正を加えることになるだろう。「社会的包含」(social inclusion)(社会的弱者を社会に受け入れること)は、それ自体が基本的価値なのではなく、社会正義の最小限の前提条件と理解されるようになる。社会民主主義者の中心的目標である社会正義とは、将来も生活における機会均等、雇用の配分、税率、所得と富の分配であり続けるだろう。

同様に、新しい「第三の道」が「就業能力」(employability)を強調することは福祉国家にとって適切な目標であるが、これが雇用に対する政府の責任に取って代わることができないし、取って代わるべきでもない。このことはマクロ経済政策が、国家的レベルでも、ますます大きくなる超国家的レベルでも、社会民主主義的政策の一部であり続けることを示している。新しい形態のフレキシビリティや規制緩和を導入する必要があることは言うまでもない。しかし、新しい社会民主主義のメッセージは明確でなければならない。それはあらゆる市民に対して社会保障と品位ある生活を保障するということである。

もう一つの区別は、リスクと個人責任化へのアプローチにある。社会民主主義戦略の内部で「企業家精神の文化(culture of entreneurship)」の重要性を強調することは、恐らく無分別なことであろう。この用語は、各個人がグローバル化した経済の中で自分自身の運命をたった独りで決めなければならないとするネオ・リベラリズム的世界観に貸し出されたものである。このような見解は、福祉国家の概念それ自体を不法なものと見なす考え方を助長する。中道左派にとって共同体に対する個人の責任と共同体の個人に対する責任の双方を強調する新しい「社会的的責任の文化」のキャンペーンを展開することがそれよりもっと適切であろう。

最後に、より広範な政治的分野での政党、特にＳＰＤの未来の役割は何かという問題がある。欧州の中道左派政党は、ますます政党や政党構造の伝統的役割を引き下げるクリントン流のキャンペーン技術と政治スタイルを導入しつつある。我々が政党の重要性を忘れているのは、我々の責任である。ＳＰＤのような政党には、自分自身の活動によって市民社会を活性化することができる大きな民主的組織としても、また政治的メッセージを発信する時間がない社会的グループと有効にコミュニケーションできるネットワークとしても、重大な政治的役割がある。

だから現在展開されている社会民主主義の改革に関する国際的論議に対する、ドイツの貢献の明確な特徴はここにある。いうまでもなく、その目的は各国の社会民主主義政党の間で新たな協定を練り上げ、欧州およびグローバルなレベルでのアクションの基礎としてこれらの協定を利用することである。しかし、明らかにしなければならないことは、近代化とはフレキシビリティと社会保障の間の新たな均衡を作り上げることであり、社会保障を無くすことではないということである。

第3章　フランス左翼の複数主義と未来

ローラン・ブーヴェ、フレデリク・ミシェル

はじめに

フランス左翼は、自信を取り戻した。フランソワ・ミッテランが不毛な野党の立場から政権を握り、伝統的社会民主主義とソ連型社会主義の中間の位置を占める「資本主義との決別」路線を宣言し、不毛な野党の立場からたち現われてから約二〇年を経て、フランス左翼はもう一度進歩的改革に対する自らの公約を復活させている。この期間を通じて、フランス左翼は自らの基本的価値観である平等、自由、社会的正義に忠実であり続けようと努力してきた。だがフランス左翼は変革を行う手段に関しては慎重過ぎることが多かった。リオネル・ジョスパン政権にはこのような保守主義はない。ジョスパン政権は自らの政策を推進するために――前政権とも現在の欧州のパートナーたちとも異なる――極めて印象的なさまざまな政策や手段を用いている。労働時間短縮の立法化やフランス国家の役割を改革する民営化の利用にせよ、あるいは経営者との建設的な対話の推進にせよ、ジョスパン政権は左翼の行うべき行動方法を指示した従来の教科書を喜んで書き換えることを示した。

フランスで変わったのは、政治的手段の性格だけではない――左翼を形成するのが複数の政党と政

治的グループだからである。現在のフランスの連立政治――複数左翼の実験は、一九九七年の総選挙における左翼の勝利によって出現したものだが、これは最近のフランス政治史における重大な断絶を反映している。第五共和国を通じて左翼五政党――フランス社会党（ＰＳ）、共産党（ＰＣ）、市民運動（Mouvement Des Citoyens）、緑の党（Les Verts）、急進党（Parti Radical Gauche）――が国会と政府の同じ多数派に属したのは初めてである。リオネル・ジョスパンは、このようなユニークな連合――複数多数派（la majorit plurielle）――では新しい型の統治が必要なことや、新しい左翼政権がその構成諸党の多様性を受け入れ、自らのパートナーの政治課題の重要な諸点を調節するよう努力することを当然と考えている。この連立内部の相違性の持つ意味は、政策が論争と協議と妥協という非常に厳しい過程を経て策定されるということである。たとえこの協議が進行中のために中途半端な決定に終わったとしても、有効な経済的、社会的、文化的改革を実施するための有益な手段と思われる。複数主義は、その特別な政治的ルールとともにジョスパンの国政の核心であり、圧倒的な支持を創出することができるように思われる。この印象的な政治的複数主義と強力な経済的能力が複合されたことで、フランスは欧州左翼の極めて興味深い政策実験室になっている。

新しい複数主義

現代のフランス左翼の本質を理解するために必要なことは、フランス左翼を構成するさまざまな主張または政治的「家族」を理解することである。これらのグループが構造的・社会的・経済的変化に対応するやり方は、フランスにおける左翼政治の再定義がどの程度のものであるかを明らかにしている。それらの課題はよく知られている。すなわち、欧州統合がより一層国家主権を要求してくる挑戦、ネオ・リベラリズム（新保守主義）に対する中道左派の対応を一本化する必要、「フランス例外主義(French exceptionalism)」の考え方やアメリカの文化的支配に対する対応、個人主義的価値やポストマテリアリスト的価値の増大及び階級に基づく連帯感の継承などがそれである。

第一グループは「社会自由主義者」(social liberals) だが、このグループは一九六〇年代と一九七〇年代の「第二左翼」から発展したものである。この第二左翼 (deuxi me gauche) は、経済的規制の干渉主義的形態の緩和に賛成し、国家統制主義を拒否する。このグループは、公的所有の拡大の支持に回ったフランソワ・ミッテランによって創設された「第一左翼」(first left) に対する反対を通じて頭角を現した。この社会自由主義者は、現在トニー・ブレアが提唱する「第三の道」に最も近いグループである。

一九九五年末までに、社会自由主義グループは、近代化課題、特に新しい社会政策の実施の立場に完全に移行した。このグループは、福祉国家は「左翼」や「保守」のいずれの掲げる課題であろうと、彼らのドグマに従属すべきではないと主張した。伝統的なイデオロギー的論議に反対するために用いられたのは、福祉国家は新しい経済的環境の現実に対処しなければならなかったという現実的な実例だった。福祉国家の改革に関する議論は、フランス社会が自らの国家統制主義的構造を調整し、これらの構造をもっと効率的にし、経済的効率を保証する最も有効な手段として市場経済を発達させるという社会自由主義的論議が一層広がったことを反映していた。

他方で、グローバル化は脅威としてではなく、機会としてまたは最悪の場合でも潜在的には有益な効果を持つ不可避的な力として表現された。このような思考方法は、保守の業界や左翼から歓迎され、現政権の内部でも極めて有力な力をもっている。だがそれは社会自由主義をフランス左翼の伝統的な反改革主義の立場と直接対立する結果をもたらした。事実、社会自由主義グループのユーロや欧州中央銀行への支持、公的給付の役割に対する疑問、多くの伝統的経済規制形態に関する懐疑的姿勢のために、このグループが広範な左翼の内部で疎外される結果をもたらしている。

左翼の第二グループには、自らの主要な関心事を「国民と共和国の防衛」にあると考える人たちも含まれている。欧州統合とアメリカの文化的・政治的ヘゲモニーの組み合わされた挑戦は、国民主権の問題を現代フランス政治の核心にすえている。内相のジャン・ピエール・シュベーヌマンは市民運動（ＭＤＣ）のリーダーだが、「どんな犠牲を払っても」国民主権を擁護することを要求している。「フランス例外主義」は、フランス左翼の間では受けがいい。共産党と極左の一部は、経済・通貨統合を理由に欧州統合にも反対し、アメリカの対外政策に不信を抱いている。この「例外主義」は、一九九〇年初めの湾岸戦争中のイラクに対する干渉反対と、一九九二年の国民投票におけるマーストリヒト条約反対に端を発している。今年のアムステルダム条約の批准とＮＡＴＯのバルカンへの干渉でこの怒りが再び燃え上がった。

このような政治的課題の多くは、フランスの保守派と共通している。実際、左翼の知識人の多くは、自分たちの共通の価値を擁護するためには保守派の組織した集会にもためらうことなく参加する。ドゴール主義者や「フランスの特性の擁護」を意図するドゴール派の変種は、政治的分裂に理想的な橋を架ける役割を演じている。共和主義者の左派が現在確信しているのは、将来、欧州問題の論議が進めば、フランスの諸政党が欧州統合の未来に対して今より強いスタンスを取らざるを得ないだろうということである。重要なのはフランス社会党が自党の一九九九年六月の欧州宣言で「国民国家の連邦」という用語を使用し、いまなお国家主権の共和主義的見解に強い愛着を持つと思われている大衆に対して連邦モデルを提示することのためらいを示している。だが共産党やMDCにとって困難なことは、自分たちが政府の一員として、ユーロの提唱や欧州中央銀行との交渉に責任があることである。彼らは、政府と共に投票することによって、自分たち自身のユーロへの懐疑的な政策を裏切っているのである。

第三には、主たる目標をグローバル化におく「新しい社会運動」と関連を持つ左翼がある。これに含まれるのは、一方ではピエール・ブールジエやヴィヴィアンヌ・フォレスター［最近のベストセラー『経済的恐怖（The Economic Horror）』の著者］のような急進的知識人やATTAC（多国間投資協定に反対し、通貨投資課税を支持している）のような社会運動――これは国際的金融市場の影響力の増大に極めて批判的である――、また他方では、国有企業の民営化に反対するそれらの企業の従業員のようなその他のグループである。左翼のこの部分にとっては、グローバル化はフランス社会に及ぼすネオ・リベラリズムのすべての否定的な結果の表現である。彼らの求めているのは、自らのいわゆる「多元的経済」であり、そこでは一層の労働時間の短縮と社会的所有企業の「第三セクター」への発展が要求されているのである。

この運動の知的な起源は、フランス急進左翼の指導者であるブールジューである。だが彼の政策のあいまいさは、この運動がいかなる形にせよ代表権を獲得することに失敗した理由を説明する一助になる。彼は一方で市民の協和主義に対する左翼の立場を表しているが、他方では新しい「社会運動」であるフェミニスト、ゲイ活動家および倫理的少数派たちのアイデンティティの熱望を大衆化しようと努力している。急進左翼の観点からすると、これらの社会グループに対する態度は、「真の」左翼を分離させ、金銭的に恵まれた中産階級の支持を求め、それに伴って急進的理想と価値を裏切る（自らの考えでの）政府から排除されたすべてのグループを包含し、フランス政治に新たな亀裂を生み出すことになる。

これら三つのグループの要に位置するのが、第四の政治的の最も重要な「ネオ・ケインズ主義者」または「新しい社会主義者」である。これに含まれるのがリオネル・ジョスパンやフランス社会党の最高指導部の大半である。彼らの主張は、「市場経済には賛成、市場社会には反対」というスローガンに要約される。ジョスパンが最近『フェビアン・パンフレット』に書いているように、「市場それ自体は富は生産しても、いかなる連帯も価値も、目的も意義も作り出すことはできない」。その結果生まれたのが、政策面では政府の二つの旗艦的な政策、すなわちこれまでのいかなるフランス政府も行ったことのない極めて野心的な民営化計画と、週三五時間労働制の同時的導入に最も良く表されたプラグマティズムと理想主義の混合物である。だが比較欧州的観点からすると、フランス左翼主流を真に特徴づけるものは、若干の分野での国家の役割を支配しようとする彼らの意志にもかかわらず、経済の基幹諸部門での協力態勢に基づく公的干渉は依然として継続していることである。これは左翼主流の「経済的政府」の考え方、つまり市場の規制は社会的に望ましいばかりでなく、効率の増大を達成することを可能にするという信念から生まれている。政治的レベルでは、ジョスパンの成功の多くの部分は、「複数左翼（gauche plurielle）」の間でしばしば生ずる意見の分裂をまとめる説得政策とプラグマティックな政策の組み合わせにある。ジョスパン政権は、連立の制度的な束縛を政治的利点に転換する方法を学んだ。この政権は、左翼のさまざまな構成要素が統一し、政府の集団的な業績を分かち合う論法を与える。民営化と共産党、ユーロと「市民の運動」、エネルギー政策と緑の党などいかなる場合でも、それぞれの党は殆どの場合、政府の政策を支持することができたのである。

労働市場改革と労働組合

政府干渉の強化か、それとも社会的保護の向上か、そのどちらかを保証しようとする過去二〇年以上にわたる改革は、真に克服しがたい制度的な障害にぶちあたった。惰性の恐るべき力が実証されたが、他方では強固に確立した利害関係との重大な衝突を生ずる政策は、いかなるものでも保守と左翼の双方から福祉国家を無力化するものとみなされ、依然として極めて不人気な政策だった。新しい左翼政権が改革課題を推進することを求められたのは、このような困難な状況においてだった。政府綱領の中心になったのは内的に相互に関連のある三つの分野、すなわち週三五時間労働制による労働市場のフレキシビリティの採用、経済・産業政策における国家の役割の転換、新しい社会政策の発展だった。

ジョスパン・プロジェクトの核心は、労働市場政策だった。欧州のその他の中道左派政権は、現行の労働制度を改革することにそれほど重大な政治的意義を認めなかった。事実、独創性のない賢人たちが、国民国家はジョスパン政権が立法措置による野心的な労働時間短縮を編成しようとしている労働市場の規制撤廃を行うべきだと主張していたのは、まさにそのような時機だったのである。現在の労相の名を冠したオーブリ法は、ある意味では欧州で現在試みられているなかで最も干渉性の強い雇用政策であり、まさにこの理由でフランスでもその他でも広範に拒否されている。

実際、週三五時間制というのは、名称としては幾分誤っている。というのはこの法律が企業に求めているのは年間の雇用期間を通じて平均週三五時間制を実施することだけだからである。その結果に関していえば――ある人々は驚くだろうが労働パターンのかなりの規模のフレキシビリティを導入することができることになる。経営者団体は依然としてこの法律が施行されるとかなりの超過支出が生じ、競争力が減ずると不平を鳴らしているが、この法律はそれと同時に生産性の向上をもたらすように思われる。さらに政府は三五時間労働制は雇用増大をもたらすと論じている（政府が企図していたような）。それによると一九九九年夏までに政府の主張では新法により一二万人の雇用が確保されるか、または創出される（これには反論もあるが）という。

労働時間に関する関心は、フランスの左翼政治には周期的に現われるテーマである。このテーマは、フランス労働市場の積年の欠陥を解決するこれまでの左翼の試みの失敗の結果としていま新たに再開されたものである。ミッテラン大統領の在任期間中（一九八一～九五年）、左翼は一方では実際には労働意欲を減ずるような社会的給付の水準や形態の公約に拘束され、他方では厄介な団体協約制度の改革には不熱心なことを自ら実証した。雇用規制に対するこのような伝統的なアプローチの欠陥は、この問題（および実際にその他の諸問題をも）を解決する公的政策のイニシアチブを発揮することに対して懐疑的な態度を生む結果になった。一連の改革が試みられたが、それはいずれも単に期待に反した一連のインセンティブを生み出すだけに終ったように思われた。これは左翼に対してさえより一層レッセ・フェール（自由放任主義）に対する志向を強めた。このことの一つの効果は、現代の労働市場をよりよく反映するための労働者の主要な保護措置――労働法（Code du Travail）――を改正する必要から関心をそらさせたことにある。それは労働法の大部分が、パートタイム労働者や短時間労働者のニーズに対してますます無意味なものになりつつあったからである。

この分野の主要問題は、長い間フランス左翼の立て役者である労働組合の役割である。欧州のその他のどの左翼政府とも同じように、ジョスパン政権は、政策過程に様々な「ソーシャル・パートナー」（労働組合、その他の被用者団体および経営者）を参画させることにより長期的な雇用増大を回復させようとしている。それにもかかわらず、週三五時間労働制に関する論議は、以前は際立った役割を演じたフランス労働組合の役割を腐食させる効果をもたらした。労働組合運動は改革の最初の局面で、経営者たちとの全国レベルでの狭い特殊な諸紛争に熱中することにより、週三五時間労働制が職場レベルで提起したより広いフレキシビリティ、休日、訓練および賃金の諸問題に取り組むチャンスを失った。最近になって、CGTやCFDTのような大きい労働組合は、労働時間短縮過程を職場労働者レベルで推進するように労働時間短縮を自分たちの組合の最優先課題に設定し始めた。しかし、この問題は民間部門の多くで組合員数の少ないことを暴露した。この結果、政府はやむなく企業レベルで週三五時間労働の施行に責任を持つ「受託労働者」（mandated worker）の考え方を採用することになった。この制度では受託労働者は経営者に任命されるので、労働組合からは支持されない。だがこの提案は労使関係の近代化に完全かつ積極的な役割を演ずべき労働組合運動の欠陥をより一般的に示している。

もし労働時間短縮が実際に雇用刺激を助けるものだとすれば、それは労働組合が国家との新しいパートナーシップを再検討し、新しい団体協約の文化を導入する真の機会を示している。フランスのコーポラティズム構造は、欧州の他の諸国で受け入れられた知恵に反する「時代遅れ」または「旧式」なものどころではない。これらは従業員の株式保有から年金改革に及ぶ重要な政策範囲にわたるコンセンサスを作り上げる、新しい手段として復活しうる潜在力を有している。だがそのためには労働組合内部でも政府内部でも、新しい思考が必要になるだろう。

左翼と国家の未来の役割

グローバル化に関する論議がフランス左翼の上に荒れ狂っている。その火に油を注いでいるのが銀行からエンルギーに及ぶ経済の中枢分野に生じているすさまじい調整過程である。国家が常に際立った役割を演じ、他の大半の西欧諸国よりも国家の経済的存在が大きく感じられる国では、現在の転換はさらに一層衝撃的である。

この問題は、経済的グローバル化の拡大に直面したためではなく、単一通貨の特殊な出現に直面することによって、フランス国民国家が自己の役割を縮小させる挑戦にいかに対応することができ、また対応すべきかということである。この論議の困難な側面は、明らかに銀行産業の最近の紛争の中に現われている。一方では、新保守主義者たちは、ルイ一六世の保護主義者の経済・財政相の名をもじった政府の時代錯誤の「コルベール主義（重商主義）」を非難している。他方、国家は左翼に対する批判で、不安定をもたらす市場の絶対的命令に対する左翼の受動的な態度を非難する。ある人々に対してはあまりにも遅すぎ、あの人々に対してはあまりにも早すぎるので、フランス国家は余儀なくグローバル化のニーズに適合せざるをえなくなっている。

フランスは、今なお欧州で最も中央集権的政権の伝統の強い国の一つである。この国は、鉄道運輸や郵便事業のような公共事業では長い伝統を持つ独占体を有している。国有企業は石炭業や宇宙産業や核エネルギーにような産業を支配している。政府は、その所有者としての役割に加えて、それ以外の方法でも業績や国際競争力を向上させるための株式の譲渡や合併および困難に陥った部門や企業への財政支援などで重要な役割を演じている。

これらの状態は依然として続いている。だがここ二年間で政府の政策に際立った変化が生じている。最も目につくのが政府の以前に決めた民営化計画が継続されていることである。一九九八年初めには電気通信事業の自由化が開始された。次いで一九九八年一〇月に、長く待たれていたクレデ・リオネ（Crdit Lyonnais）の民営化の計画が発表された。それ以降、政府はＥＵ指令の要求により電気部門の規制緩和を開始した（計画より遅れてはいるが）。この結果、現在全電気消費量の約二六％を占めている四五〇の大企業に電力を供給しているエレクトリシテ・フランス（Electricit de France、フランス電力公社）の独占的地位に終止符が打たれることになろう。

民営化に伴って「官民共同経営」の新しい形態が発展している。この種の共同経営で既に発足したものがあるが、最も一般的なのがソシエテ・デコノミア（soci t d'ecomomia）または「官民混合企業」（mixed public-private company）である。これらの企業は地方自治体と政府の双方にサービスを提供する官民ジョイント・ベンチャーである。フランス政府は今、研究開発の分野でも官民協力事業を開始し、公立実験室と民間経営の間の合同ネットワークを建設しつつある。これらの混合施設の数は増加しつつあるように思われる。さらに政府は産業援助に際してますます選択的になり、衰退産業から成長産業、特に優位産業に移行しつつある。直接的助成金は研究開発に対する税金控除、投資助成金、地域開発補助金などに席を譲りつつある。国際的な競争産業を育成する環境を創出する必要があるという社会的認識が増大しつつある。

　これと同時に、それ以外の制約によりジョスパン政権は政府それ自体の規模と機能の再評価を迫られている。その中で最も際立っているのは予算規律である。マーストリヒト収斂基準に適合させるために、政府は緊縮財政政策をとり、各省に支出を削減することを強制した。ＥＵの安定・成長条約の強制措置の結果として次ぎの世紀にもこのような財政的圧力は続くものと予測されている。市民の政府サービスへの期待の高まりはまた改革推進を後押ししている。またその他の諸国と同様に、地方分権化は中央政府が自らの役割に挑戦するための中心的防衛策の一つになった。フランスは高度に中央集権化された国だが、政府は次第に地方政権へより多くの権限を譲らざるを得なくなっている。政府が将来、これらのレベル――最も予想されるのは各省だが――の一つを移し、より多くの権限を地方の手に譲ることが考えられる。これらすべての改革は、国家が環境の変化に対応して変わらなければならないというフランス左翼の認識が高まりつつあることを示している。

社会問題

大半のフランス左翼にとって、フランス社会の最も切迫した危機は、社会から「排除された」若干のグループの間の高水準の失業を伴う貧困と社会的排除の問題である。ジョスパン政権は、この問題に高度の優先権を与え、重要な措置を具体化した一際目立つ「社会的排除に対する法律（law against Socialexclusion）」を通過させた。民間経営や地方自治体政府の主要な公共事業に対する雇用補助金などを含む青年失業の解決計画にかなりの公共支出がつぎこまれた。

だが最も重大な論争が生じたのは、福祉改革、特に年金分野の改革である。現在、フランス社会では福祉国家は改革する必要があるという点では広範な認識の一致があるが、それが不平等を固定し正当化させるという考えも広まっている。だがこのような改革を遂行する実際的可能性は非常に複雑である。年金に関しては、人口が高齢化するにつれて、戦後期に作られた現行年金制度は、改革をしなければ二一世紀初めには崩壊するだろうと認識されている。

しかし、個人年金を金融市場に投資する制度の採用には強い反対がある―緑の党と共産党の双方が政府の提案に反対し、改革関連法案は二度も見送られた。これらの法案では被用者の名前で投資される年金基金に対して被用者自身が監督権を行使することによって産業界の所有を拡大するという潜在的な機会がある。だが労働組合にこの制度の完全な意義を説得するために大変な努力を払わなければならない。他の諸国と同様に、年金近代化計画の実施は、政府の政治的熟練度の厳しい試験であることを実証するだろう。

結論　新しい連合

数年前、前首相のローレン・ファビウス（現下院議長）は、左翼の近代化は骨が折れるが報われることが少ない「下劣な仕事」だという有名な言葉を吐いた。今はもうそうではない。新しいフランス政府の近代化計画は少なくともただ単に経済成長を加速し経済的下降を逆転させただけでなく、選挙での成功もかち取ったのである。

ジョスパン政権の魅力は、部分的には複数左翼に表現される政治的立場の多様性にある。しかし、この政権は、また社会諸階層にわたる新たな魅力に支えられている。ジョスパンは、自分が築き上げようとしている、長期失業者や社会的に排除された人々から裕福な中産階級までの幅広い支持者の連合を指して「新たな連合」という表現を用いている。彼の任務は、これを具体化させることである。ジョスパンはこれまでの最初の二年間に、低賃金や社会的に排除されている人たちにかなりの重点を置いてきたが、現在は中程度の給与所得者たちの「正当な切望」を認め、その要求の実現を優先することである。この目的のために、ジョスパンは中産階級に狙いを置いたニュー・レーバー（新しいイギリス労働党）流のやり方といわれるかもしれない減税を約束している。左翼が一度勤労者階級の基礎のうえに創立された以上、ジョスパンは今日の社会的変化により中産階級の支持が選挙で成功を勝ち取るために不可欠になったことを理解している。この点では、ジョスパンは当然ブレアやシュレーダーと同じなのである。

第4章　過渡期にあるスウェーデン社会民主主義

アンネ・マリー・リンドグレン

現在の政治状況

スウェーデン社会民主労働党（ＳＡＰ）は、いうまでもなく政権党である。ＳＡＰは一九三二年以降、常に政権の座にあった。野党になったのは、一九七六～八二年と一九九一～九四年の二回の例外だけである。通常は連立政権だが、戦後期のＳＡＰの総選挙の得票数は、常に四〇％を越えていた。これを考えると、一九九八年総選挙のＳＡＰの得票率の三六・六％という数字は一九二八年以来の最低であり、原因の解明が必要である。最近の各種の世論調査では、現在のＳＡＰの支持率は依然としてその当時と同じ水準にある。

このようなＳＡＰの総選挙得票率の低下の理由のかなりの部分は、一九九一～九四年の前の自由・保守連立政権から引き継いだ国家予算の厖大な赤字を削減するのに必要な厳しい措置から生れている。ＳＡＰが前回の総選挙で失った有権者の大半は、旧共産党の左翼党に流れた。左翼党は、ポピュリスト*的な見解を持つ、旧い型とまではいわないまでも、伝統的な社会民主主義政党と規定するのが最適な政党で、新しい経済的現実を無視する傾向を有している。

（＊訳注　ポピュリスト的政党とは、大衆の関心を引きつけるために、現実の政治的状況を誇張し、大衆迎合的でデマゴギー的な内容を含む主張を掲げる政党（ポール・タッガルト）。

ＳＡＰの得票数の約四〇％は中産階級、六〇％は労働者階級で構成される。だがＳＡＰは高齢化政党（ageing party）である。ＳＡＰの総投票数に占める若い有権者（三五歳以下）の割合はかなり低い。ネオ・リベラルの保守党の状況はこの逆である。彼等の得票数では中高年よりも若い投票者のほうが高い。ＳＡＰの拠点はスウェーデンの北部と中部と南部の伝統的な工業都市――つまり人口が縮小しつつある地域――である。ＳＡＰは人口が増えつつある、特にストックホルムのような地域ではかなり弱い。ストックホルムでは一九九八年のＳＡＰの得票率はわずかに約二五％にすぎなかったのである。このような選挙の不成績にもかかわらず、ＳＡＰは左翼党と緑の党の積極的な協力を得て、依然として少数与党政権を維持することができた。これは正式な連立政権ではない。というのは左翼党も緑の党も政府に閣僚を送っていないからである。だが重要な諸問題は政府が国会の法案を提出する前に、三党間の協議で解決されている。このような協力が次の二〇〇二年の総選挙まで続くか否かはまだ未解決な問題である。（問題の三党が継続する意思を表明しているのはいうまでもない）。これまでのところ、三党はかなりうまく諸問題を解決してきた。だが特に税制改革の将来については、緊張があるのは確かである。

スウェーデン例外主義？

かなり多くの重要な点で、ＳＡＰのおかれている状況はイギリス労働党やドイツ社民党のそれと異なっている。この例の一つは、スウェーデンの社会民主主義が持つ自らの過去に対する自信の強さである。混合経済、普遍主義（univaersalism）の諸原則に基づく福祉国家、積極的労働政策および労働組合と経営者の間の強い協力関係などの理念は、これまでこの党に多くの勝利をもたらしたが、この路線は将来の政策に関しても依然として健全な基礎を与えるものと考えられている。混合経済（または社会的に規制された市場経済）は、単に資本主義を改革する方法としてではなく、資本主義に代替するもの——資本主義と計画経済の間の真の「第三の道」——と考えられている。事実、スウェーデンでは「第三の道」へのこのようなアプローチは——イギリスやドイツの用語の使い方と違い——ずっと前に確立し、論議の余地のないものである。

だがこれ以外でも、欧州社会党の社会民主主義の「近代化」を強調するいろいろの考え方は、スウェーデンでは長い歴史を持っている。市場経済の利点はかなり以前に容認され、イギリス労働党のように改正すべき規約第四条（注・重要生産手段の国有化規定）も持たない。積極的労働政策が構想されたのは一九五〇年代だった！事実、英国で労働党が開始した失業に関する政策改革の大半はスウェーデンでも試みられた（だが拒否されたものもある）。だが労使関係に関する「パートナーシップ」の考え方は、「スウェーデン・モデル」と非常に違っている。スウェーデン社会民主労働党にとってこの問題は、民間企業の国有化やそれへの疑念から切り離されていない。社会民主主義者たちにとっての真の挑戦は、過去のものとなりつつある現在の経済・生産システムのために開発された政治的伝統や手段——テイラーシステムや大量生産の諸原則に基づく均質な産業社会——から自らを解放することである。

そこにはまた「グローバル化」や「地域統合」(欧州連合の統合拡大の形での)の政治的・経済的意義に対するスウェーデン社会民主主義者のアプローチの方法には、明らかな相違がある。スウェーデンは、大きな輸出企業に過度に依存した小国であり、長い自由貿易の伝統と、エリクソン、エレクトロルックス、アガ、SKF、ABBのような一九六〇年代にすべて多国籍企業に転換した大輸出産業を有し、長い間国際競争とともに生きてきた。だからいまスウェーデンの有権者を悩ませているのは、経済の国際化ではなく、政治の国際化である。EU加盟国の中で、最も否定的で不満が強い国はスウェーデンである。スウェーデン社会民主労働党が中産階級の支持を求めたことも新しいことではない。SAPが常時有権者の約四五%の支持を得ていたということは、この党が早くから労働者階級と中産階級の双方の党だったということである。スウェーデン社会民主主義が直面する選挙問題は、労働者階級の有権者の支持を受け続けながら、同時に中産階級の有権者を獲得することである。イギリスと異なり、スウェーデンのSAPは左翼党という強力なライバルを有している。左翼党は、ここ五年間の経済政策で疎外されたという感じを持つ労働者階級にとってますます魅力的な代替政党となっている。この脅威は、社会民主主義の「近代化」のペースと形態にとってブレーキの作用をしている。というのは左翼党は極めて旧くからの課題を追求しているからである。もう一つの束縛は、SA

Pとかなり旧い型の労働組合運動（LO）との間に存在する強力な協力関係の形態にある。スウェーデンでは、「中道左派」という一般的な概念が多く使用されることはない。ここではもっと顕著なのは、左翼の三つの部分――SAP、LO、左翼党の間の関係である。

このことは、スウェーデンでは社会民主主義の未来に関する議論の中心は他国と異なる様相――特に伝統主義者と近代化論者との在来の対置では――を持つということである。この意味における「伝統的」の概念は、民間企業に対する態度や市場の諸力の利用とは無関係である。これらは論争の対象ではない。そうではなくて、「伝統的」の概念は殆ど専ら福祉国家に対する態度、もっと正確にいえば社会福祉制度に関する態度に関係しているのである。この場合でさえ、「近代化論者」と「伝統主義者」の相違は、イデオロギーの問題よりむしろ異なる「オプション（選択肢）」の可能性の問題に関係する傾向がある。

新たな不安定さ

スウェーデンの社会民主主義は、他国と同様に、産業社会の申し子である。SAPが開発し利用した政治的手段は、異なる社会――マルクス主義の用語を用いると生産様式――の諸条件に有効に適合させられた。だが産業社会が変化し始めると、これらの政治的手段は有効性を発揮できないようになった。同時に出現した新たな生産様式の問題は、SAPがいまだに発見しえない解決策を要求している。

しかし、旧い方法は社会民主主義イデオロギーの一部と考えられていた。だから旧い方法を問題視することは、多くの党員にとっては社会民主主義それ自体を問題視することだと考えられていた。SAPは何年にもわたって経済的・社会的変化が実際に生じているのかどうかが論争されてきた――これらの変化が広く認められるようになったのはわずかにここ数年のことである。だがこのような変化した世界にいかに対応するかという点に関しては、一般的に認められた認識はない。現在のSAPの心理状態を特徴づける言葉は、不安である。したがって、現在の社民党政権に明確なイデオロギー的特徴を与えることは困難である。過去五年間の政治は、財政赤字を削減する必要によって動かされてきた。緊縮政策はイデオロギーよりはむしろ必要性から生まれたものであり、これが近代化に関する論争を妨げてきた。社民党員が表明した関心事の多くは財政赤字と新たな改革の財源の不足から生ずると考えられていたので、財政的安定が達成されれば以前の政治に戻ることができるという考え方が広がっていた。

だが財政的確立とは、社会保障、労働市場および経済政策に関する旧い社会民主主義の政策の基本を根本的に変革することを意味する。ある点では、財政的な困難の結果、スウェーデン社会民主主義の近代化は履行不可能に陥っているといえる。

社会保障制度

左翼の間では、社会保障制度は低所得者だけでなく、すべての市民を包含すべきだというという点でコンセンサスがある。問題は、給付水準の高さ（個人の所得の比率で）及び税によって賄わるべき財政負担の割合をどの程度の高さにすべきかということである。スウェーデンの福祉制度には、ベバリッジによって創設された普遍主義（universalism—国民皆保険制度）の諸原則が適用されている。この考え方は、あらゆる人々が給付を受けられれば、誰でも喜んで保険料を支払うので、非常に良質なサービスが受けられるということである。また皆保険制度は、「貧困のわな」(poverty traps)*や収入調査の諸問題を避ける。スウェーデンの社会民主主義者は普遍主義の原則を保持しているが、実際にはこの用語の意味は修正されている。一九八〇年代には普遍主義という用語の意味は、あらゆる人々が給付を受け、そのコストを国家が支払うことだった。それが今日、この用語はあらゆる人々が給付を受けるが、国家がそのコストのすべては支払わないことを意味している。同様に、再分配の諸原則も少なくとも部分的に修正されている。政策の中心点が「機会の再分配」になった——SAPの党大会が社会保険よりも、教育や保健などのような公共サービスを保証するほうがもっと重要であると宣言してから七年経っている。経済的再分配は依然として重要であると考えられているが、たとえ不平等を増大させる結果になったとしても、男女の自分自身の社会保障の責任を負うのは個人であるという新たな合意を喜んで受け入れる傾向が生まれている。

（*訳注　「貧困のわな」とは、現行の社会保険制度が働いて所得が増えると給付金を削減される矛盾をいう。）

社会保障制度には、さまざまな形態の社会保険——年金、疾病手当、失業手当、労災保険——が包含されている。これらのすべてがここ数年間の間に改正された。疾病手当や失業手当は、所得の一〇〇％から八〇％に減額され、自営業者の支払う保険料の割合は引き上げられた。年金制度は、今後は支払う保険料と受け取る年金とが重要な関連をもつように改正された。従来は年金の保険料の全額を経営者が支払っていたが、新制度では労働者は保険料の約一〇%を自分で支払わねばならなくなった。失業手当が所得の八〇%または九〇%にすべきかいなか、疾病手当の税負担にすべきかいなかは、大きな政治問題とは思われないかもしれないが、これらの問題は依然として激しい論争のテーマであり、中・小所得者には重要な影響を与えている。現在の世論は「財政状態が許せば」手当を九〇%まで増額することを支持している。低所得者にとっては所得の八〇%の手当では少な過ぎて生きていけないという主張である。これは労働組合運動とSAPの間でかなりの緊張を引き起こす問題の一つであり、また多くのSAP支持者が左翼党を受け入れる理由の一つである。

だが断言できることは、たとえ短・中期的に財政状態が改善したとしても、社会保障手当を引き上げることはできないし、また望ましいことでもない。この理由の一つは、人口学的理由である。老齢年金受給者の割合は増加しつつあり、この三〇年間に人口の二五%(現在の数字は一八%)に達することである。同時に、若い人々は労働市場に入る前に、これまでよりはるかに長い期間勉強しなければならない。つまり、働く人々はますます減少していくのに、労働市場から離れるますます多くの人々を支えなければならなくなるのである。もし財政的な健全性を維持しようとするならば、社会保障手当を引き上げることは不可能になる。注意を要するもう一つの理由は、手当の引き上げは新興労働市場の発展を妨げることになることである。労働市場のフレキシビリティが増大することは、雇用される者の中で臨時雇用者――おそらくは中間に(短)期間の失業をはさんだ――の割合が増えることを意味する。公正なフレキシビリティのために不可欠なことは、中間の労働期間における「臨時雇用者」

を助ける新たな社会保障制度である。

労働市場政策

欧州社会民主主義の未来の方針に関する論議の中心にあるのは、労働市場政策の問題である。ここスウェーデンは長い間、中道左派思想の最先頭にあった思想――「福祉ではなく職業福祉を（workfare instead of welfare）」は、長い間ＳＡＰの信条の一部であった。積極的労働政策――失業者に対し教育、職業訓練、ボランティア労働または雇用補助金の支給などの条件で機会を与えること――は、スウェーデンでは長い間実施されてきた。

このアプローチの背後にある原則は受け入れられているが、スウェーデンがここ数年間学び、また他の諸国も今後発見するだろうが、この原則には限界がある。もし失業者を訓練し、また再訓練しても、需要側の理由で依然として雇用は得られなかった場合にどうするのか？　積極的労働市場政策の前提になる考え方は、雇用機会は存在するが、失業者には（または彼らの一部）それらの機会をつかむのに不可欠な技量や経験がないということである。失業を解決するための積極的労働市場政策の効力に関する不安は、ここ一二月間は雇用が増大しているので最近弱まってきているが、ここ数年間緊急なものになっている。また労働市場が求める高度の技能を取得することが困難な人々の問題に、政策策定者がいかにしてアプローチすべきかという問題もある。結局、低技能雇用者の賃金はどのレベルまで下げることが許されるべきなのか？

スウェーデンの社会民主主義者は、この種の困難な諸問題にしりごみする傾向がある。共通な見解は、国は低賃金雇用に補助金を支出したり、奨励したりすべきではないということである。むしろ、国は資源を「有望な」雇用を創出したり、そのために人々を訓練するのを援助すべきである。だがこのような態度は、もし市場がこの種の低賃金雇用を創出しても、そのためになすべきことはあまり無いという暗黙の了解と結びつく。今日、主要な力点が置かれているのは、人々を経済の中の成長部門に役立たせるような資格を取得するための訓練である。このことが重要と考えられているのは、ただ単に失業を克服するためでなく、インフレを低く抑えるためである。適切な技能を持つ従業員が不足すると、企業は相互にスタッフを引き抜きあったりするが――これはインフレ的な賃金引き上げの悪循環の引き金になる傾向を強める。

社会民主主義者のもう一つの挑戦は、「フレキシビリティ」に関するものである。左翼の多くは、単純にフレキシビリティと搾取を同一視している。フレキシビリティの大半は、新しい技術と市場条件の変化の産物で、政府が逆転することが不可能な傾向である。だが政府は依然として市場の機能方法を具体化することができる。フレキシビリティについては今後まだ適切に検討されねばならないというのは事実である。現在の労働市場の諸ルールはすべて長期雇用者に適合させて作成されているので、フレキシビリティへの動きの矛先は、労働者の弱い部分に向けられている。これらの労働市場の「アウトサイダー」は、ほとんど保護手段を持たない。だが新たなフレキシブルな雇用に対して既存の労働法を適用するような解決策は試みるべきではない。むしろ、労働者の保護は新たな手段により改善さるべきである。一つのアプローチは、フレキシブルな労働者のニーズにより適した新たな形態の社会保険を創出することである。もう一つの手段は、規制手段よりは労働組合を必要とするもので団体協約手続きを改革することである。例えば、臨時雇用管轄諸機関と労働条件や最低保証月給に関して協定を行うこともできる。スウェーデンではこの種の協定がすでに実施されており、最大のものはフルタイム労働者の所得の七五％の月給を保証している。重要な点は、ますますフレキシブル化する雇用パターンに向かう動きのコストは、保護されることの少ない労働者ではなく、そうした雇用から利益を得ている経営者が負担すべきだということである。

マクロ経済政策

スウェーデンのマクロ経済政策の総合的目標は、財政的安定、低いインフレ率及び低金利である。このことが意味するのは、在来のケインズ主義は少なくとも一国レベルではもはや不可能だということである。スウェーデン銀行（Riksbanken）は、以前は国会の管理下にあったが、現在では独立している。スウェーデン銀行は通貨政策に唯一の責任を持ち、現在のインフレ目標は二％である。いま流行っているジョークは、中央銀行はこの目標に到達することに完全に失敗した——なぜならインフレ率は〇・五％だったからである、というものである。この非常に低いインフレ率の予想される理由の一つは、スウェーデン経済の生産性の伸びであり、これが物価上昇を伴わないで賃上げに応ずることを可能にしているのである。

このようなＳＡＰのマクロ経済政策の変化は、党内で広く是認されているわけではない。中央銀行の独立性は、不信の目で見られている。「インフレ率を高めればもっと雇用が増えるはずだ」という見解は依然として存在する。一方では、左翼党は需要を増やしこれによって雇用を増大させる在来のケインズ主義的手段を要求している。だが現在のインフレは雇用を創出するどころか、産業競争力を引き下げることにより雇用を破壊するという見解の方が、徐々にではあるがより広く受け入れられ始めている。

賃金上昇率をコントロールすることが、低インフレ政策の中心であることはいうまでもない。スウェーデンは、特に一九八〇年代を通じて、インフレ的賃金上昇というかなり好ましからざる記録を持っている。この時以降、賃金協約はかなりスローダウンしたが、この主な原因は失業率の増大にあった。だがこのような賃金上昇は、依然として欧州連合（EU）の基準を上回る傾向にある。これらの理由の一つは、異なる労働組合間の競争にある。労働組合が自らの組合員の賃上げを達成した時はいつも、他の労働組合は「補償を受ける」権利、つまり同じ賃上げを受け取る権利を要求する。ソーシャルパートナーたちが悪循環を断ち切ることは不可能に思われるので、政府がいかにして労働市場を巡る紛争を解決するのにより積極的な役割を演ずることができるかという議論が現在行われている。だが社民党政権が労働組合の協約の自由を制限することの政治的ハードルはかなり高い――LOにしてもこの種の干渉は好ましく思わないだろう。他方、政府は賃上げがエスカレートすることを許すことはできない。というのは利子率と失業率の双方に与える賃上げの効果は重大な政治的諸問題をもたらすからである。これらの議論は現在進行中であり、その結果がどうなるか占うことは不可能である。だが優勢な意見は賃上げを抑制することに失敗すれば、英国型の労働市場の規制撤廃の方向に向かう動きを速めることになるということである。これは労働組合運動の好ましい選択肢ではない。おそらく政府の管轄下の労働市場紛争調停局（Labour Maraket Conflict Settlement Board）が好ましい選択肢として浮上するものと思われる。

産業政策

経済成長――及びそれをいかに推進するか――は、依然として政府の主要な急務の一つである。その条件になる諸要因は、つまり低インフレ率、低金利、高水準の設備投資、多額の海外投資の流入、強固なインフラ、先進技術を持つ産業、市場の規制撤廃などはすでに存在する。このような好条件が存在するにもかかわらず、今日（及び未来）の経済条件を経済成長により適したものにするためには、産業政策に関する社会民主主義的アプローチを再検討するかなりの挑戦が必要である。

戦後期の大半の期間で、社民党政権はスウェーデン産業界との密接な協力によって利益を受けてきた――だがそれは在来の原料を基本とする工場や大規模な工業企業との協力であった。主要産業が比較的に均質性を有していたので、政府は画一的な全国規則や経済措置で経済活動に影響を与えることができた。だが今ではもはやそれは不可能である。大企業はスウェーデン経済で――特に輸出関連で――今でも重要な役割を演じてはいるが、彼らが雇用全体に占める割合はますます低下の一途をたどっている。サービス部門の重要性は新しい情報・通信技術とともに、さまざまな分野の小企業の重要性を増大させている。これらすべてが意味していることは、政府が経済に介入する方法は変化しなければならないし、規制はよりフレキシブルで、より単純な方向へ移行しなければならないということである。

スウェーデン経済の構造的変化は、国家が産業への介入を抑制しなければならないことを意味するものではない。さまざまな国家の一九八〇年代と一九九〇年代のネオ・リベラリズム的実験の記録は、混合経済を継続することの利点を明確に示している。だが政府と市場の混合のあり方は変える必要がある――それは一九六〇年代や一九七〇年代のそれと同じものであることはできない。今日では、統制的な介入形態はより少なくし、種々の経済部門間に適切なバランスをとるための経済的な枠組みや制度を整備することにはより多くの力点を置かねばならない。これらの措置の意図は、搾取を防止し、高度の技術・教育基準を保証し、市場をスムースに機能させることにある。だが有効な制度を作りあげる面での思考はより多く、直接的な国家的規制の面での思考はより少なくするためには、精神的な切替が必要である。社会民主主義者にとって必要なことは、本能的にすぐ新しい規則や新たな補助金を考える欲求を抑えることである。

産業政策に関連して、もう二つの点を強調する必要がある。一つはより環境に優しく健全な経済を発展させるのを助けるために、新しい措置を利用する可能性に関するものである。一九六〇年代と一九七〇年代に経済成長を促進させる方法として、住宅補助金が利用された。一〇年の期間にわたって、新しいアパートが一〇〇万戸建設された。これは人口七〇〇万人の国にとってはかなりの数字である。今日では同じような方法で環境保護政策を刺激するという考え方がある。すなわち、輸送システム、生産方法、廃棄物処理及びその他多くの経済過程は、より持続的な基盤の上で運営する必要がある。

財政的措置と規制的措置の組み合わを採用すればこれを達成しながら経済成長を増大させることができる。産業政策への環境配慮型のアプローチを開発するためのかなりの潜在的可能性がある。

　第二の点は、財政部門の役割に関するものである。年金基金は、賃金生活者の資本ともいえるものだが、労働者の利益のために使用することのできるかなりの財政力を持っている。アメリカとカナダでは、若干の年金基金は優れた雇用・環境条件と実績を持つ企業に積極的に投資するために使用しているが、これから教訓を学ぶことができる。労働者でもあるとともに投資家でもある個人の利益はより密接に結合させる必要がある。これまでスウェーデンではこの種のイニシアチブは発揮されたことはなかった。

結　論

　スウェーデン社会民主主義は、自分が認める以上に自分自身を「近代化」している。だがSAPの一部は、左翼の他の部分と共に、自分たちの未来のビジョンに対して依然として保守的なように見える。党指導部は、予算構造の改善に成功したいま、幾分困っているように思われる。他方、社会民主労働党の青年組織や労働組合運動の一部から新たな論争や考え方が生まれつつある。スウェーデンの社会民主主義は再建の過程にあるというのが、おそらく最も正確な見解であろう。予想される結果は、これまでの政策との急激な断絶ではなく、むしろ古くからのスウェーデン社会民主主義の特徴だった新たな環境へのある種のプラグマティックな適応になるだろう。

第5章　コンセンサスに基づく福祉政治

——二一世紀を迎えるオランダ左翼——

ヨス・デボイス

国際政治オブザーバーの間で、オランダ人は今日高い評価を得ているが、私には「束の間の名声」にすぎないようにみえる。オランダは、主要な政治目的を同時に達成している。物価安定、健全財政、堅実な経済成長、賃金抑制、労使協調による三・四％以下の失業率、コンセンサスに基づく政労使協調、フレキシブルな市場、広範な福祉改革、社会的団結の必要性に関する超党派的協定、所得格差の安定、通貨同盟に関するマーストリヒト基準へのスムースな移行などである。これらすべてを統括しているのが復活した労働党（Partij van de Arbeid）が指導する政権であり、労働党は一九九八年総選挙で二九％の得票率をえて、保守的な自由民主人民党（ＶＶＤ）と中道民主党Ｄ六六との「紫」政権連立（"purple" governing coalition）の中で最大の党になった。これらの事実だけを見ると、オランダ左翼は祝福されていると考える人がいるかもしれない。

だが事実は、オランダ左翼は依然として自信喪失状態である。オランダ左翼は、知的な構想力が殆どなく、党の活動は低下しつつある。労働党の綱領に関しても不安になるような論議がある。政権について一〇年になろうというのに、「中道左派の復活」というには、まだ早すぎるという状態である。どうしてこうなのか？このようなパラドックスを理解するためには、我々はまずオランダ政治の特殊性を理解しなければならない。

コンセンサスの思想

オランダ左翼の最大の特徴は、「共通の福祉」に関するコンセンサス政治に対する信念にある。これはいかなる市民も相互尊重、信頼、責任分担の意志を特徴とする連帯的社会の内部で、人間的発展の基本的手段を行使する権利を持つという観念である。あらゆる政治は不可避的に、市民社会に対する国家の介入、健康や福祉のような社会的給付に対する国家責任に関する対立を抱えている。だがオランダ政治の多様性はコンセンサスを大切にする。相互和解と妥協はいわば「政治的交換の通貨」のようなものである。今日のこのコンセンサスの範囲は、ただ単に憲法上の単一国家や宗教的、文化的な多様性ばかりでなく、社会的権利の生活まで広く行きわたっている。オランダ福祉国家は、前世紀を通じての宗教運動と世俗的な政治運動の間の複雑で共通の理解の産物といえる。

オランダ左翼はずっと以前にこのようなコンセンサス・モデルと和解していた。一九一七年革命の流産の後に、オランダ左翼はオランダ政治が将来社会的リスクの配分に関して非暴力的な政権交代の形態を取ることを理解した。その後、一九四五年に初めて政権に参加した後、オランダ左翼は政治はイギリスの多数決民主主義のようにジグザグな形態を取るべきではなく、政権交代があっても強い連続性を持つべきだということを理解した。事実、オランダ左翼は社会民主主義的な文明の拡大とはコンセンサス民主主義の漸次的拡大だと考えている。「永遠の平和」（カント）と「永久の社会保障」

（ペイネ）はいずれも、国家で必須の任務であり、そのために国家は比例代表制、権力分有、少数派文化の保護を発達させるべきだと信じられている。

このようなコンセンサスの賞賛は、オランダ左翼の政治的特性を理解する鍵である。このことはオランダには社会的紛争が存在しないとか、社会民主主義がみずからの平等主義的理想を放棄したということを意味するのではない。労働党の目標は、このコンセンサスを自分自身のイメージに適合させ、不断に変化するオランダ社会と政治を中心軸をより平等な方向へ指向させようと努力することである。だがそれは決してコンセンサスそれ自体の理想を無くそうと努力することではない。具体的にいうと、このことは社会民主主義政権が前の保守政権のすべての措置を逆転させようとすることを意味するものではない。またそれは労働党は、自分が中心になっている現政権が達成した経済的成功は、自分だけの功績だと主張できないことを意味する。これらの成功は、オランダ社会と政治全体の業績として評価しなければならないのである。

干拓地モデル（The polder model）

過去一〇年にわたり、コンセンサスへのオランダ方式は、「干拓地モデル」といわれ、行政機関と各政党との一連の政策協定で具体化された。これらの政策の主役者は、一九八八年以降の労働党党首だったウイム・コックだった。コックは分裂し不安定な党を引き継いでから、選挙民の信頼をえながら政策の一貫性を確保することに成功した。しかもその背景には、政党に対する国民の信頼は弱まるし、経済界は国民経済管理の影響をあまり受けなくなったという状況がある。コックは、それ以前の一〇年間に支配的だった新保守主義政策の緊縮予算と賃金抑制の政策を拒否し、雇用の創出や競争力の強化策に努力を集中し、規制緩和と民営化という新しい経済政策を受け入れた。彼は、公共財政、自治体の治安維持の責任、勤労倫理という新らたな伝統的観点（neo-traditional view）を明らかにした。オランダ労働党の「厳正な司法」「労働、労働、もう一度労働」「強力で社会的」などのスローガンは、これから英国の人々にも馴染の深いものになるだろう。一九九四年にコックスは、キリスト教民主党との連立をやめ、保守党や自由民主党と連立政権を樹立したことで、左翼の政治的態度を堅持しながら比較的富裕な中産階級の間での選挙基盤を強化することに成功し、一九九八年の総選挙での勝利を手にした。

「干拓地モデル」——国家と市民社会の間の紛争を協力して解決するモデル——は、幾つかの重要な特徴を持っている。第一は、このモデルが基本的な制度改革や政策変更に関してコンセンサスに基づく意志決定方式を採用していることである。社会のあらゆる部門の指導者たちが相互に協議し、契約し、妥協しあう。政党間でも議会の四年間の任期が終えた後でも、政策を継続させることについて意見の一致がある。大政党はすべて共同議案の成否いずれの場合でも共同責任を負う。その政治スタイルは、さまざまな利益集団の意見を取り入れ、ショック療法を採用しないことである。

第二に、「干拓地モデル」は国内の物価政策から全面的な民営化政策まで、行政分野においても市場メカニズムの利用というプラグマティックな方式を利用する。政府は旧来の市場の規制を緩和（商店の営業時間の延長のような）する一方、新しい市場の規制（テレビ、民間病院、運輸）を行なう。

社会問題の解決にあたっても、市場競争が採用されている。社会的諸問題に対して最低のコスト又は相互利益で解決しようとする場合には、市場競争が促進される。これは一種のプラグマティックな社会的自由主義、つまり自由主義と協同体民主主義（comunitarianism）の諸原理を混合したものである。

第三に、財政政策は公共材の調達資金に関する革新的な方法を採用している。支出の削減と公的債務負担の軽減を目的として、いわゆる構造的財政政策が採用されたのは、経済成長に関する控え目な予測、財政限度額、財政的衝撃（fiscal shocks）に対応するための特別規則である。社会保障支出の削減を行なう一方で、、刑務所、都市計画予算は計画的に増大された。より一般的にいえば、マクロ経済政策には適度に膨張的な通貨政策がある。賃金抑制と減税や民間消費による民間消費の安定化策、賃金コストの削減と物価上昇の抑制の結果、ギルダーがドイツ・マルクに対して値上がりした。だがオランダ中央銀行は、欧州通貨統合を崩壊させるおそれのある為替相場の変動を避けることに注意を払い、低金利政策を維持するとともに貸出額を着実に増大させている。

第四に、経営者と労働組合の間の協定は定期的に改善され、その結果、賃金抑制と賃金格差の改善がはかられている。この結果、公務員の給与総額を抑制するとともに、民間分野の賃金と社会保障給付金を部分的に修正することに成功している。同時に政府は失業を減らすためにこれまで異端視されてきた一連の方法を採用している。その中に、次のようなものがある。サービス部門でのパートタイム雇用の奨励、就職能力の改善のための職業訓練、フレキシブル労働の法的保護、最低賃金法の一時的な緩和の容認、状況により社会的給付を失うことなく労働できるような福祉規則の改正、失業対策の公共事業に従事する労働者を民間部門の正規労働者に移動させる新しい方法、都市開発のための特別な民間サービスなどがそれである。

干拓地「モデル」の考え方には、学習や成功の重要性を無視する危険がある。このモデルは、最初から完全なものでも、包括的なものでもなかった。だがこのモデルは今日のオランダ政府と政治の際立った特徴であり、ここでは政党間の綱領上の相違は消え失せている。コックス自身は、有名な演説で「イデオロギー的な装飾を脱ぎ捨てることで解放感を味わっている」と宣言した。だがこの言葉の中にこそまさにオランダ左翼の頭痛の種がある。

干拓地モデルと平等主義の理想

まず第一に、干拓地モデルの本質がコンセンサスにあるため社会民主主義者がこのモデルを自分自身のものと主張することができないことである。（オランダ労働党は、「第三の道」や「社会民主主義の将来」に関する国際会議でもこのモデルを誇示しないようにしている）。だがもっと重要なことに、オランダ左翼の現在の論争は、このモデルの欠陥を暴露しつつある。

社会民主主義者や社会自由主義者の間での主な批判点は、公的支出の削減と赤字財政の実質的な廃止が公的投資を不当に制限し、その結果、民間資本や民間金融への依存度が強まりつつあることである。教育や司法行政などのような公的支出の重要な分野により多くの予算支出を求める声があがっている。緑の党やその他のグループは、特にシホール空港、ロッテルダム港、インターシティ鉄道の拡張や郊外の整備のような主要な基盤整備プロジェクトにおいて、いまだに環境上の考慮が十分に優先的に払われていないことを懸念している。これらのプロジェクトは環境基準に従わなくてはならず、いくつかの環境投資（鉄道のトンネル掘削のような）が含まれているが、環境保護派の批判はオランダでも重要視されるようになった。一九九八年の総選挙で、緑の党は七％の得票率を得て大躍進を遂げたのである。

だが干拓地モデルに対する左翼の中心的批判は、平等への対策に集中している。この分野では、このモデルの成果は不明確である。確かに都市のスラム街に下層階級が形成されるようなことは（他の国で生じたような）発生しなかったし、国民皆福祉と雇用政策の中核部分は残っている。デンマークとともに、オランダは所得の不平等を抑制することに成功したユニークなＥＵ加盟国である。だが他方において、失業世帯と夫婦共働き世帯との格差は一九七七年以降急速に増大している。失業は、トルコ人やモロッコ人のような少数民族の間で特に高い（二〇％と三〇％の間）。ところが最近、貧困は社会の最底辺で再び発生し、資産の不平等は（所得と反対に）急激に増大している。経営者の自社株購入権の利己的な利用のような「新たな富裕層」の重要な側面は、左翼の多くから猛烈な攻撃を受けている。だがその一部は、減税と課税所得控除の拡大を通じて中産階級の持ち家や株式取得を奨励する左翼の大臣によって歓迎されている。オランダ労働党のこの分野における干拓地モデルに対する批判を特に先鋭にしているのは、「所得、知識、権力の分散」という伝統的な目標が背景に押し遣られ、市場社会主義または自由平等主義を目指す手段が十分に考慮されていないということである。このモデルは、主義主張の基づいたものでは全くない。市場が能力を反映できるようなモデルを賞賛する左翼インテリには事欠かないが、これらの新しい考え方は党の指導部には影響を与えていない。彼等は現実主義的な政治家として、不平等的な結果は避け難いと反論している。新しい常識によれば、失業対策や教育の拡充こそが構造的な不正義を予防する最良の方法である。活動的な市民と非活動的な市民の間の不平等、公務員と民間労働者との間の不平等、資産家と資産を持たないもの者の間の不平等は、もしそれらが生活の質の全般的向上に役立ち、また不平等の恒常化をもたらさなければ大体において正当と認めることができる。「旧」左翼と独立左翼の反応は、二つある。第一に論じられているのは、干拓地モデルが新たな政治的亀裂に対処するために平等主義的理想を明示する緊急な必要に迫られているということである。この亀裂とは、以下のことである。環境問題の空間的次元（静けさ、澄んだ水、清潔な国土は誰が、どこで、また誰の負担で達成できるのか？）、白人の学校と黒人の学校間（移民の第一世代と第二世代の子供達のための）の格差拡大、欧州化とグローバル化が分配に及ぼすインパクト（貿易自由化、発展途上国援助、避難民の救済などの諸問題に関するオランダの態度はいかにあるべきか？）。第二に、左翼は社会的連帯を維持するための公共政策の能力は強化する必要があると主張する。政治家は、個人の責任とか共通の国民精神に訴えているが、この訴えも空虚になる場合もある。それは行政機関や施策が社会的排除の中心的諸問題である貧困、人種差別、不法移民の犯罪者扱いや社会から疎外された青年たちの間のアル中関連の暴力事件の多発などを解決できなかった場合である。

グローバル化と国際共同体

第二次大戦と植民地主義が終ってから、オランダ左翼は国際共同体の活動に強力に参加してきたことを誇りにしてきた。これは干拓地モデルの下でも続いている。だがここでも依然として解決しなければならない諸問題が残っている。興味あることは、これらの問題は主としてオランダ以外の左翼を悩ましている経済のグローバル化や欧州統合の潮流に関するではない。オランダ左翼の特徴は、こうした動きに対してはかなり好意的な反応を示しているが、どちらもオランダの歴史と大きく離れたものではない。経済と政治の相互依存性は日常生活の一部になっており、長い間オランダの政治文化の中に組み込まれ、吸収されてきた。したがって、外的圧力に適応する必要は脅威または挑戦とは見られていない。オランダ経済が世界市場の動きや欧米諸国の経済思想に従うことは、オランダ国家が大国のイニシアチブに協力することと全く同じように、自明のことと思われている。大西洋主義（NATOに示されるような）と欧州主義（欧州防衛共同体における）の間には若干の外交的緊張はあるが、時には「新たな世界の混乱」と記述されている現在進行している変化が国家のアイデンティティに対する脅威と見なされることは滅多にない。そのためにオランダは常に自由貿易と欧州統合と国連を支持しているのである。オランダ左翼は、欧州統合や国際化の拡大によって生ずる国家主権の縮小に関して、他国とは違ってかなり楽観的である。問題点は、単にオランダが国際社会の主流に適応し、参加する条件に過ぎない。

この冷静さの原因は、いくつかの印象的な資料で解明されている。オランダ左翼の側ではオランダの主権と国民性に関する大きな論議もないし、憲法の改正も国民文化保護も強く要望されてはいない。国際競争力と高い水準の社会的保護や環境保護が両立することを疑うものは誰もいない。安定・成長条約（欧州中央銀行の独立性と欧州通貨統合参加諸国の財政赤字の限度を保証する）がマクロ経済の安定と欧州社会市場経済の強化に貢献するということには、全般的に楽観的である。

だがオランダ左翼は自己満足の危険性を次第に自覚し始めている。解決しなければならないいくつかの課題がある。一般的に認められていることは、ＥＵの未来は加盟諸国間の攻撃的な競争政策にあるのではなくて、加盟国の法制を調整して、ＥＵを単一の政治主体に高め、同時にＥＵ内の民主主義を強化することである。だがこれを達成することは困難だろう。オランダが一九九九年の欧州議会選挙で選挙結果が最低だった三国（イギリス、フィンランドとともに）の一つだったことは、見逃されてはいない。同時に、オランダ多数派の文化は、新しい移民社会の存在を受け入れねばならない。左翼は他文化を受け入れ、寛容であれと主張しているが、実際にやっていることは同化主義的で、狭量である。この問題ではなすべきことは多い。

また左翼の国際主義的綱領は再考する必要がある。一九八九年以来、左翼の綱領は比較的に信用できるようになったし、複雑にもなった。だが旧ユーゴスラビア内での国連とＮＡＴＯの平和維持軍の活動は（これらはいずれもオランダ政府とオランダ左翼の双方の積極的な支持を受けた）は、人道主義的介入が正当化される諸条件の内容とともに、軍事力が国際的秩序を創出するという主張についても、苦悩に満ちた再評価である。これらはオランダ政治の現在の新しい重要な課題である。

結　論

干拓地モデルの成功が示唆しているように、高度の社会的保護、強力な環境保護法や低い失業率は、国際競争力の強化と両立できる。グローバル化は、過去五〇年間にわたり苦難を乗り越えて達成した社会的進歩を後退させることはない。民主的国民国家は新しいEU体制の枠内でも社会正義、生活の質を向上させることができる。

この意味でオランダ左翼は自信を持つことができる。選挙の分野では、オランダ左翼はかってはその支持に依存していた労働者階級の数の減少にうまく対応している。いまオランダ労働党は、様々な年齢層、官公労と民間の労働者やさまざまな生活スタイルのグループ、いわゆる「唯物論者」や「ポスト唯物論者」からバランスよく支持されている。中産階級の支持も得ているが、伝統的な低所得階級の支持が大きく減ることもない。だがこのためにかなりの代償も払っている。政治行政に対するオランダ労働党の慎重な管理者的方式は、かってのように中道左派の支持者たちに政治的情熱を巻き起こすことはできない。これは青年、政治的活動家、知識人たちの間に疎外感を増大させている。とりわけ政治改革という中道左派の信念が放棄される危険がある。

干拓地モデルの真の問題は、このモデルが左翼が理想から遊離していることにあるのではなく、オランダ社会の非政治化の一層の進行を押し止め、事実それを手助けしていることにある。現在の政治は単なる経済政策になってきた。政治の対象範囲も小さくなり、しかもますます保守的になっている。

政治の中心は個人の出世と家族の保護にあり、近代的な労働者のための精神の平和を保証することにある。国家の果たすべき古くからの理想は捨てられて、経済的観念からの公益論が出現した。国家の役割は単に財政的刺激と競争の奨励によって、国民のために物質的保障を与えることに過ぎない。だからといって干拓地モデルが大きな利点を持たないということではない。このモデルは異なる階層や利害グループを和解させる新しい創造的戦略である。しかし、中道左派政治にはこれ以上のものがある。コンセンサス政治も、もしそれが受動的な市民を賞賛したり、気高い社会的理想の放棄のうえに栄えるならば必ず破滅するだろう。

第6章　新しい社会主義

リオネル・ジョスパン

はじめに

社会民主主義の今世紀の教訓の一つは、社会民主主義をもはや「制度」と規定することはできないということである。現代は資本主義と計画経済とを問わず、制度という観点で考え、行動する必要はない。また我々も新しい「制度」を創造する必要はない。もはや私は社会主義がいかなる制度になるかということは知らない。だが私は社会主義が一つの価値観として、社会運動として、政治的実践としていかなるものでありうるかということは知っている。社会民主主義は、制度としてよりはむしろ社会を規制し、市場経済を人々に奉仕させる方法の一つである。社会民主主義は、民主的価値観と社会的価値観の双方に基づく思想であり、存在方法や行動様式の一つである。

こうした理由で我々は市場経済を受け入れる。なぜなら市場経済は――もし規制され、管理されていれば――資源を配分し、イニシアチブを刺激し、努力と労働に報いる最も有効な手段だからである。しかし、我々は市場社会を拒否する。それは市場それ自体は富は生産するが、連帯も価値も目的も手段も創造することができないからである。社会は商品交換をはるかに越えた存在なので、市場が唯一の原動力ではない。だから我々は「左翼自由主義者」ではない。我々は社会主義者なのである。そして社会主義者であることは政治的なことが経済的なことに優先することを確認することである。過去二年間にわたりフランス政府首相としての私の行動は、この原則に従ってきた。

以下の論文は、このような確信に基づく欧州社会民主主義に関する私の分析であり、現代のフランス社会主義を説明する試みである。

欧州社会主義は多様である

社会民主主義は歴史上の困難な時期をくぐり抜けてきた

過去二年間の欧州の選挙結果を見て、人々が感銘を受けるのは社会民主主義の危機ではなく、社会民主主義の貢献である。我々の政治が政権を獲得したのは、ただ単に四大国——イタリア、イギリス、フランス、次いでドイツ——だけでなく、欧州連合の大半の諸国に及んだことである。

だが比較的長い視野で見ると、社会民主主義が困難な時代を通過してきたことも事実である。社会民主主義の主要な政治的存在意義は、ソ連共産主義とアメリカ資本主義の双方への反対にあった。冷戦の二極化世界の崩壊により、この二重の反対の役割はもはや終わった。

社会主義は産業社会の資本主義——一九世紀の工場の諸条件とそれらの工場制度による労働者の大衆的搾取——に対する反対から生まれ、発展した。社会主義は、資本家的産業社会の発展に反対する——少なくとも緩和する——ための解決策を具体化した。その後、社会主義者たちは資本主義との闘争に異なる取り組み方を採択したが、国家間や国家主義との闘争に巻き込まれたので、幾つかの国で社会主義の内部に分裂が生まれた。主な分裂はいうまでもなく一九一七年のボリシェビキ革命だった。民主的社会主義は、より強力でより断固として、異常な暴力と激動の歴史的時期に比較的うまく適応しているように思われた「兄弟」運動の出現に注目した。その運動はマルクスの教義から科学的用語を吸収し、そのドグマに対する自己過信を身につけた。この運動を支えたのは、規律ある組織だった。これに比べると、社会民主主義はあいまいで危機の時期には適していないように見えた。しかし、民主的社会主義は、民主主義や資本主義と同様に生き残った。事実、終局的には欧州の国家共産主義が崩壊したが、社会民主主義はその内部で生き残ったのである。

従って今日では資本主義と共産主義の中間に位置する過去半世紀の社会民主主義――一種の「中間的存在主義」――は、もはや無意味である。社会民主主義は、歴史の一時期だけに固定された存在ではない。社会民主主義はその形成を助けた歴史的諸条件が消滅した現在でも消え去るものではない。しかし同様に、社会民主主義と産業社会や民主的社会との緊密な絡み合いを前提とすれば、社会の危機が社会民主主義にとっても問題が生ずるのは不可避である。我々はいま、生産と成長のフォード主義的モデルの没落による経済的危機と福祉国家の困難の増大による社会的危機の双方に直面している。また我々の価値観――特に平等――は、過去二〇年間の新保守主義の反動の激しい挑戦と論争の対象となっている。一九八〇年代に、保守勢力は近代性の観念――社会の中の最底辺の弱者に対してはどれほど残酷で、無慈悲なものであろうとも――を具体化し、一種の過激主義を代表しているように思われた。現在、イデオロギー的な活力が再び社会民主主義に浸透しつつある。もっとも社会民主主義という用語は、トニー・ブレアや私を含めた欧州政治家たちのどちらをとるかで変わってくるのであるが。

私の考えでは、社会民主主義の危機の一部は我々の過去の問題である。新保守主義の幻想は去った。社会民主主義は新たな指導者を発見し、自らの政治的存在意義を再構築し始めている。この作業は完成には程遠いが、私はその結果について自信を持っている。その一部は欧州レベルで遂行されているが、それは唯一つ論理に適ったやり方である。なぜならば、社会主義は欧州的観念であり、欧州で生まれ、欧州の思想家たちによって形成されたものだからである。

社会民主主義は、欧州規模で自らのプロジェクトを建設し続けなければならない

社会党と社会民主党の代表者たちは、ウィーンとミラノで開かれた最近の欧州社会党の会議で一堂に会し、この再建の努力を示した二一カ条の公約を起草し、採択した。我々が作成した計画は次の通りである。

1、雇用の欧州。ここで最優先されるのは成長と新しい技術の開発と失業の被害を最もひどく受けた人々を目標にした援助である。

2、社会的欧州。このための欧州の使命は経済的繁栄をもたらした社会的モデルを支援することにある。

3、民主的欧州。それは男性と女性の間の真の平等を保障し、人種差別と外国人排除に対して非妥協的に闘い、その制度は透明で、政治的責任と民主主義の実例を示すものである。

4、強力な欧州。その強さは文化的多様性と環境を尊重する持続可能な発展のモデルに由来する。さらにこれは世界資本主義のあらゆる重要な規制に関してであれ、平和維持や多角的制度に関する立法への支持であれ、世界のどこでも同じ主張を行なう欧州でなければならない。

これらの諸目的で表明されていることは、社会主義の中心にあるすべての価値観、つまり市民権、社会的正義、民主主義、進歩への希求、この進歩と集団的運命を自決する意志である。また世界、ただし多極的な世界に向かって開かれようとする熱望である。

多極的世界を建設するために、一国的レベルで機能する民主的諸原則は国際的段階へも適用されねばならない。世界に自分自身の見解を押しつける唯一の超大国があってはならない。一党中心主義の押しつけには反対しなければならない。その理由はただ単に我々の国家的利益や欧州全体の利益に反するばかりでなく、世界全体の安定と両立しないからである。あらゆる国家が法の下の平等な諸規則に基づき活動する国際共同体の採択した制度以外では、世界的ルールを作成することはできない。

一九九九年四月に発表された欧州社会党（the European Socialist Party）綱領は、我々が——他のすべての政治グループと異なり——欧州統合への我々の取組みを調整できる諸原則、ガイドライン、提案を明示する能力を持つことを証明している。これは、この文書の性質がかなり一般的なものであるにも関わらず、重要な成果である。これはまた左翼諸政党が保守政党と違い民主的方法で活動しうることを証明している。他の欧州諸党でもそうだが、フランスでは特に保守政党は依然として他の多くの政党や指導者とともに、一人の党指導者によって命令されるか、または無秩序な水平的構造をもっている。それに対して民主主義の特長である方針作成、点検、批判を選択する際の下部から上部へ、上部から下部への手続きは、左翼全体に広がっている。かくして欧州社会党は宣言は、我々の取組みと我々の国際主義の双方を表わしたものである。

社会民主主義運動は自らの国民的背景から切り離すことはできない

社会民主主義者は、欧州的規模で協力して活動すればもっと強力になるだろう。だがそれには一つ条件がある。社会民主主義者は個々の社会民主主義諸政党に影響する国民的諸要因――歴史的起源、イデオロギー状況、政治的地図――を理解し、常に考慮に入れ尊重しなければならない。これは欧州社会民主主義内部での最近の論争から引き出した結論の一つである。評論家はしばしば特殊な国民的諸要因を見過ごすことがあるが、選挙によって選出された政治家はこのことを常に考慮に入れなければならない。

例えば、イギリスは常にフランスよりも「グローバル化」されていた。自由貿易を発明し、これを活気づけたのもこの国である――だが同時にイギリスはそれが利益になるとなれば帝国の特恵貿易を手に入れる方策も知っていた。サッチャー革命は、フランスでは依然として貴重なものと思われていた価値観と激しく対立するものだった。だからサッチャーの実験の後に政権をつぐことは、エドワルド・バラジュールやアラン・ジュペのようなドゴール派の花形役者の後で統治することとは異なる。またフランスの政治地図も非常に違っている。統治する多数派がイギリスのように単独政党か、または現在のフランスのように五党連立ということも、非常に異なる政治的条件になっている。

だから私の考えでは、「正しい道」とは何かを論じたり、または「ブレアの道」、「シュレーダーの道」、

「ジョスパンの道」のどれを選ぶかということは意味がない。これらの用語では「第三の道」とは何かということを明確に規定することは難しい。もし第三の道が共産主義と資本主義の中間ならば、それは単に英国に特有な民主的社会主義の新しい名称に過ぎない。しかしこれはフランスでまさに我々が今行なっている追求と同じものではない。もし他方で第三の道に社会民主主義と新保守主義の中間の道を発見するということが含まれるならば、このような追求は我々の追求するものとは違う。私が既に論じたように、もはやこのような「中間主義」は何の意味も持たない。私の考えでは、事実「第三の道」とは理論と実践を再構成するためにイギリスで行なわれた国民的形態の追求の努力であり、また欧州のすべての社会主義政党や社会民主主義政党が始めたのと同じ計画なのである。

フランス社会党は、欧州社会民主主義の危機を特殊な方法で経験した。我々は社会民主主義運動の内部で、特殊な地位を占めている。フランスには有権者組織を除き、大衆政党は存在したことはない。フランス社会党はいまだかって正式に労働組合運動と組織的に連携を持ったことはない。さらに社会党は、大統領制度の支配する制度的な枠組み——第五共和国——の内部で発展してきた。だがほかの諸国では社会民主主義は伝統的な議会主義と協力しあって発展することが多かった。最後に、フランスでは交渉と社会的対話の強固な伝統を持たなかった——私の考えでは、これは我々が発展させるよう努力しなければ重要なことである。我々の社会民主主義は、「社会的」というよりもきわめて「政治的」である。我々は他の社会民主主義政党と同じような程度に、特殊な社会的基盤から支持を引き出すことができなかったので重大な敗北を喫したが、その後に広範囲な選挙の勝利を達成することが出来た。

長い間、多くの人々はフランス社会党のこれらの諸特性は弱さであり、欧州的な諸条件の中では異常と見なしてきた。だが社会民主主義が危機に陥った時に、我々が他の諸政党より精力的に対応することができ、打撃から立ち直るのに比較的大きな能力を与えたのは恐らくはこのことだったのである。我々には、恐らく何かに強く固定されることが少なければ少ないほど、悩まされることも少ないように思われる。私の考えでは、最近になってこのことが実証されたと思う。一九九三年の総選挙における重大な敗北に続いて、我々は一九九五年の大統領選挙にかなりの成果を挙げ、首尾よく党の統一を回復することに成功した。さらに我々は一九九七年六月の総選挙、一九九八年の地方選挙、一九九九年の欧州議会選挙で相次いで勝利した。

私がここで強調したいのは、この起動力を再発見した功績はすべて我々自身の力ではないということである。我々が打撃から立ち直った原因の一部は連立政権－複数左翼（la majorite plurielle）のおかげである。この政権では共産党、緑の党、左翼急進党や市民運動とともに重要な構成要素を占めているのである。フランス人は、複数左翼あるいは多数左翼の考え方に賛成している。私の考えでは、フランス人の我々にとっては「社会民主主義」という排他的な用語よりも複数左翼の用語のほうが適切なように思う。そして我々は自分たち自身の価値観を堅持し、自分たちの公約を守り、新しいアプローチと政策を追求しながら同時に、新しい方法で統治している。「ジョスパン」モデルなどが存在しないのはいうまでもないが、明らかに左翼の政治的再編成の明らかにフランス的状況の中で、私は自分の役割を果していると思う。

フランス社会主義は自らの価値観と同様に現代にも忠実である

一九九七年六月以来、私の政府は近代化の達成のための進歩的な方策を追求している。我々は近代化の前進を歓迎するが、我々の追求するのはその近代化を集団的に達成することである。つまりわが国民の特性に合致し、受け入れられる近代化である。というのはそれが我々のすべての市民に受け入れることができるものだからである。

近代化に対する我々のアプローチの基礎は，左記の諸点にある。

・グローバル化した世界における経済政策の規制

・経済成長、協定による週三五時間労働への短縮、青年の雇用創出のための広範な計画による失業をなくす断固たる努力

・例えばあらゆる種類の社会的排除の絶滅のために努力し、広く社会全体をカバーする保健制度を確立すること

・現代の多面的な諸次元——文化的・社会的・政治的——の承認

この最後の項目が重要な点である。社会民主主義が、ネオ・ケインズ主義に限定されることがあってはならない。社会民主主義は広範な戦線にわたって近代的で進歩的でなければならないし、それこそ我が政府が努力しつつあることである。我々は自らの民主的生活の中で男女間の平等を達成するた

めに活動している。我々は司法制度を改革しつつある。我々が望むのは、政治家が選挙で選ばれる職務を一つ以上兼務することを制限することであり、上院をもっと民主化することである。我々が望むのは連帯市民条約（Pacte Civil de Solidarit）によって、男女を問わずあらゆる配偶者の行政的・社会的権利を認める立法を制定することである。このような近代的な政策は、我々の政治的存在意義の不可欠な要素である。

現在のフランスでは、若干の誤りや失策があるにしても、運動や政策のセンスがあるのは明らかに左翼である。その反対にフランスの保守勢力は時代に取り残されている。彼等は政治分野では殆ど姿が見えないので、観念や反対提案の分野で活動する方が似合っていると思われている。だが保守的思考の代わりに、単に我々をカリカチュアー化することだけで満足しているように見える。不幸にも保守は自分自身の独創的な意見を打ち出すのではなく、中傷と不信にこり固まっている。

社会主義的思考の実践は、次の三つの信念と原則によって導かれている。

1、有効な改革は、目的と手段の間の適切なバランスを不断に追求することによって達成される。

2、資本主義の規制は不可欠であり、それには活動的な国家が必要である。

3、社会の諸階級は機会均等によって団結させることができる。

有効な改革は、目的と手段の間の適切なバランスを不断に追求することによって達成される

我々の理想は本質的には昔と変わらない。すなわち、公正、自由、自らの運命の共同決定、全体の利益を損ずることなき個人の発展の追求、進歩への希求がそれである。だが我々は一五年前に用いたのとは異なる手段でこれらの理想を追求しなければならない。条件が変わったので、我々もこれらの諸条件の変化が加速するのに応じてこれに適応しなければならない。我々が、自らの目的と手段の間で、可能な限り最良の整合性を追求しなければならないのはそのためなのである。

一九九八年八月、ラ・ロシェルで開かれた社会党のサマー・スクールで、私はこの整合性の問題についての新しい考え方を述べた。特に私は社会主義の歴史から生れた二つのスローガンを想起し、これを拒否した。一つはエドワルド・ベルンシュタインが一九〇二年に表明した「目的は無で、運動がすべてである」というスローガンである。私は目的は必要であると思う。運動だけでは十分な目的を与えることはできない。もう一つのスローガンはレーニン主義者の「目的は手段を正当化する」という伝統的スローガンである。今世紀の殆どの時期を通じて、この原則は破綻した。

それと反対に、私にとっての民主的社会主義とは目的と手段の間の適切なバランスを不断に追求することである。今日では我々の価値観とは、それを達成しうる手段よりはむしろ自らの政治的存在理由の基礎である。

長い間、社会主義は生産手段の集団的所有であるという観念で規定されてきた。これは今日ではもはや意味を持たない。例えば、我々の産業政策は所有の性格の問題を越えている。多くの諸部門では公的管理の方が優れていることはいうまでもない。それは国家的安全のために必要な場合や、市場では公的サービスの諸目的が達成できない場合である。だが雇用拡大や国家的利益——特に先端産業または戦略産業——の防衛のためには、フランスまたは外国の民間企業（特にそれが欧州企業の場合）との産業間の協力が不可欠である。私は、生産手段の所有権の名において、公的部門が主導権を保持すべきだと主張することによってこれらの協力関係を阻止しようとは思わない。この種の協力は、政治的にも経済的にも正しい。

私の意見では、これらのケースに含まれるのは我々の追求している産業政策の目的、すなわち雇用、経済成長、我が国の企業の経済力と工業力、フランスの地位などである。もしこれらの目的を達成するために、公的企業の資本の公開や民営化までもが必要になるならば、そうすべきである。これは政治的施策の原則であり、一貫性があるために我が国のすべての市民に明確に理解されている。

あれこれの政治的分野で、目的と手段の間の適切なバランスに基づくこの新たな政治的一貫性は、我々が純粋に近代的な改改良政策の基礎を築く独特な方法である。我々の行動を正当化するために、もはや革命的言辞や階級闘争の比喩を用いる必要はない。だが改革とはユートピアの弔鐘ではない。我々は反理想主義者でも「夢の破壊者」でもない。人は自らの足を地につけ、自らの運命を自主的に決定するよう努力しながらも、自らの未来を夢見ることができる。私は、実現可能なユートピアの建設者になりたいと思う。私は、改良が野望や理想に反するものだとは思わない。改良主義は政治的理想を行動に転化し、我々の確信に息を吹き込むのに最も有効な手段である。なぜなら改良主義は我々の社会のリズムを尊重し、協議の重要な次元を具体化しているからである。だが我々は改良を野心的な社会改革の事業の中に位置づけている。

改良が保守によってハイジャックされ歪曲された後に、我々はこのような方法で改良の本来の意義を復活させつつあると思う。保守の考えでは改良とは公的サービスを解体し、社会的保護を削減し、数十年間の進歩の業績を否定することである。我々はその反対に自らの歴史に忠実に、依然として改良を進歩の同義語と見なしている。それは今日では以前よりももっと必要になっている。

資本主義の規制は不可欠であり、それには活動的国家が必要である

フランスの偉大な歴史家フェルナンド・ブローデルは、自分の短い「資本主義の活力」(La dynamique du capitalisme)というエッセイに数十年にわたる自らの「物質文明」に関する研究を凝縮した。彼が論じたのは、資本主義を躍動的な力にしたのは資本主義が持つ柔軟性と適応性にあるということだった。だが資本主義それ自体は方向感覚も持たないし、理想も意義も持っていない——それらの要素のどれもが社会にとって重要なものではない。資本主義は動く力ではあるが、自らがどこに行くのか知らない。

こうした資本主義の特徴をより際立ったものにしたのは、グローバルな資本調達による経済の支配と情報革命の同時的な支配である。事実、いま金融の動きと生産と社会の発展の間には分離が生まれている。前者は光の速度で動くように思われる。ところが後者はあまり遅くないものなら、いわば音速で動く。金融では絶対的な流動性があり、あらゆることが瞬時に行なわれる。だが物質社会では粘性があり不可避的に動きが遅い。それは動くものの中心が人間だからである。このような両者の速度差が、断絶と破壊のリスクを増大させるのである。金融の動きは、実体経済のペースに比べてあまりにも早すぎる。このような取引との関係を回復させるように、金融の動きを規制しなければならないのはこのためである。富の生産は、人類の目的に奉仕させなければならない。

このような観点からすると、一九九七年と一九九八年のアジアとロシアの金融危機は、少なくとも

プラスの効果があった。これらの金融危機は、新保守主義の主張に打撃を加えた。楽観的な新保守主義者の第一の主張は、世界経済を活性化させる最良の方法は特に金融市場に関して市場の諸力を完全に自由化させることだということである。悲観主義的な新保守主義者の第二の主張は、グローバル化は容認せざるをえず、これを制御することはできないというものであった。しかし、アジア危機は若干の諸国が選択した経済発展モデルに関して問題を提起したのである。アジア危機は、資本主義制度がいわゆる「自然的メカニズム」によって一掃されないような方法で、グローバルな資本主義を規制する必要性を中心的課題にしたのである。金融危機は国家的、国際的の両分野で未来を共同管理するという考え方をもう一度正面から打ち出した。

我々は、グローバル化の様々な様相を区別する必要がある。一つは金融資本主義が再び戻ってきたことである。かってとは状況が全く異なってはいるが、このことは我々を一九世紀の新保守主義の起源へと引き戻す。それは現在の金融資本主義の特徴である経済変数の完全な流動性（fluidity）、つまり価格、利子率、為替レート、資本移動、産業立地などのような生産諸要素の変化などである。他方、グローバル化の技術的・文化的・政治的次元である。逆説的に言えば、グローバル化は、欧州連合（EU）や北米自由貿易地域（NAFTA）のような経済圏の創設により、ある程度のブロック化を生み出す。グローバル化は、やはり多くの国民の内部でも再び主体性の問題を引き起こすのである。

こうした新しい状況に対する我々の対応は、主義に基づくよく練られたものである。我々は、グローバル化の重要性を完全に認める。だが我々はグローバル化の現在の形態を不可避的なものだとは考えない。グローバル化は、運命的な作用で生れたものではない。それは人間の手で創設されたものである。だから我々は規制された世界資本主義経済の制度を創設しようとしているのである。我々は欧州の共同行動――社会民主主義の理想に燃える一つの欧州での――により、金融、貿易、情報などのすべての重要分野で有効な規制を行なうことができる。特に我々は国際通貨基金（IMF）が本来の正当な役割を回復するように闘わなければならない。これが一九九八年末にフランスがEUに提出した覚書の目的はここにある。我々は、国際金融制度が自らの有効性と透明性を向上させるためにその機構を改革する提案を提出した。これらの提案の目的は、多国間制度と民間諸部門に自らの責任を自覚させることにより、銀行部門における慎重な規制を定めることにある。それだけでなく、我々は国際貿易機構（WTO）内で一方的決定を押しつける傾向に反対しなければならない。我々はグローバル化の過程に影響を与え、社会の利益のためにそのペースをコントロールできるように、インターネットのような新しいネットワークに対する新しい規制システムを設立する必要がある。

グローバルなレベルで積極的な措置を取りながら、我々が忘れてはならないことは国家の存在の継続性である。国家の存在理由に関する政治的諸問題は、グローバル化とEUの発展の結果としてますます重要になりつつある。我々が深く考えなければならないことは、国家とは何か――フランスとは何か――我が国家内部で共生するとは何を意味するのか、適用されるルールと共有される価値観である。我々がさらに考えなければならないことは欧州の未来と欧州と国家との関係である。選挙とイデオロギーの両分野における未来の勝敗を決するのは、これらの諸問題に我々が与える回答であろう。

我が人民、我々の歴史、我々の組織形態の特殊性と諸特性は、このような新しい政界秩序の中でも放棄されない。その良い例の一つは電気に関するEUの指令をめぐってフランスで行なわれた論争である。この指令は、この分野を競争のために開放することを我が国に要求した。この指令に我々は従った。しかし我々はこの要求を受け入れるさいに、フランス的状況の現実を考慮に入れた。それはフランス電力公社の重要性という経済的現実、公的サービスの観念における制度的現実、労働組合および協定を行なわねばならないという政治的現実がそれである。

この意味で、私は避けることができないといわれる単純な対案、つまり現状維持政策と運命論を乗り越えたいと思う。私の考えでは、選択は明確である。現実に適応することには賛成。諦めて「不可避的な」、いわゆる「本来の」資本主義的モデルに従うことには反対。我々は新保守主義的な資本主義モデルこそが唯一の不可避的なモデルであるという運命論的な考え方には屈服しない。それどころか我々は自らの価値観に基づいて世界を作ることができるのである。

このように現実への適応をコントロールする必要は、国家に特別な責任を課する。国家は、社会の他の関係者に代わることなく、必要な方向を示すことができる立場にある。国家は、社会が欲する変革の途上に立ちはだかる時代錯誤の諸勢力を一掃したり、うまく処理したりすることができるただ一つの主体である。フランスではこのようなアプローチは主意主義（volontarisme）と呼ばれる。

主意主義、または活動的国家の概念は、近代化に対する我々のアプローチの不可欠な部分である。これは経済政策の運営には特に必要である。我々は需要刺激と青年雇用計画や協定による週三五時間労働への移行のような積極的政策の実施による経済成長への挑戦に集中して成果を挙げた。このようにして我々は経済への信頼に増大と経済成長に貢献した。一九九八年に成長率は三・二％で、一九九〇年以来の最高水準に達した。フランスはいま欧州の経済成長の原動力になった。

このような主意主義、または活動的国家は、失業をなくし雇用を創設する我々の断固たる努力の核心である。我々は経済成長が雇用を創出することを知っており、また我々が経済成長率の引上げに成功したことは言うまでもない。だが我々はまた、経済成長だけでは失業率を我々が望む低い水準まで引き下げることはできないことも知っている。我々が構造改革により「雇用増大（job-rich）型」成長を目指す理由はここにある。ここで決定的なのは協定による週三五時間労働制への移行である。週三五時労働制の第一の目的は、雇用創出にある。そして最初の結果は有望なものである——この計画のおかげで既に一二万人以上の雇用が創出されるか、または確保された。第二の目的は、企業内での社会的対話や賃金、労働形態、職場安全のような広範な諸問題の処理のための大きな運動を開始することである。このような社会的協定は労働者と経営者の双方にとって利益がある。最後に週三五時間制の別の狙いは、労働者が家族とともに過ごし、または職業訓練、自分たちが住む共同体のための社会活動により多くの自由な時間を与えるためである。したがって週三五時間労働制は、非常に重要な進歩的な社会改革なのである。

週三五時間労働制が示すように、主意主義の概念は国家に市場に反対する姿勢を取らせるのではなく、国家と市場の間に新たな同盟関係を創り出すことにある。主意主義が目指すのは、国家と市場の間の協力的な平衡関係を生み出すことにある。

伝統的には、社会民主主義者は再分配主義者と見なされてきた。そして我々がいまもなお福祉国家の原則（ここでもやはり改革は必要であるが）や不平等に対する闘い、労働者の保護を堅持していることは事実である。だが再分配に対する我々の信念はそれ以外のことを無視することではない。

我々は生産の諸条件に関心を払わなければならない。なぜなら再分配に優先し、かつそれを可能にするのは生産だからである。経済成長の果実を再分配するためには、まず成長がなければならない。したがって新しいグローバルな市場では、我々は自らの生産基盤が競争力をもつことを保証しなければならない。フランス政府は、世界市場で競争できるような企業集団を創出し、再構築するために強力な産業政策の展開した。我々はここで長い間のフランスの伝統である「重商主義（Colbertism）」に依拠した――これは国家は高い品質の製品の生産を保証するために、投資の指向に独自の役割を演ずべきだという考え方である。この伝統は放棄さるべきではない。なぜなら投資が決定的な世界では、この考え方は依然として正しいからである。だがこれは今日のニーズに適合し、世界経済に対して開かれていなければならない。

生産の諸条件に関心を寄せる際に、我々は社会主義の知的源泉に立ち戻らなければならない。サン・シモンとその信奉者たち、プルードンのようなユートピア社会主義者やマルクスが主たる関心を寄せたのは、生産の最も公正で最も有効な諸条件で富を生産することだった。再分配が左翼の主要な問題になったのはケインズやビベリッジからで、ごく最近になってからである。今日の我々は生産と再分配の双方に関心を持たねばならない。我々は鎖の両端を摑まなければならない。いまなお中心は連帯という至上命令であり、これが再分配の核心である。だが我々が生産に対して適切な関心を払えば、それはもっとよく達成できるだろう。

生産における国家の基本的役割は、技術革新の推進者の役割である。オーストリアの経済学者のシュンペーターが経済成長にとって中心的なのは技術革新と企業主義であると論じた時、彼は国家が技術革新の推進に決定的な役割を演ずるということを示唆した。二一世紀初めの市場経済の主要な特徴は技術革新と貿易のグローバル化だが、国家は技術革新と成長を促進するために「シュンペーター的」役割を演じなければならないというのが私の信念である。これに必要なのは次のものである。

・未来の成長の資源の獲得に自らの努力を集中し、必要な機会（moment）を与えることを助ける戦略的国家。一例を挙げれば、我が政府は初めから新しい情報・通信産業の発展のために重要な支援を与えた。フランスではこれらの産業の発展は自発的に生じたことではなかった。企業は態度を決することをためらっていたので、このままでは我が国は遅れてしまったろう。だから我々は「活動的国家」（主意主義的）のアプローチを採用したのである。関係者からの何も引き継ぐことなく、我々は新たなサービスの供給と新しい企業と雇用の創出を促進した。これを我々は持続している――さらにピッチを上げて。

・産業基盤、設備、通信、教育、研究――これらはすべて技術革新と成長に貢献している――の質を高めることに完全な責任を持つ設備投資の国家。

・経営環境の質を高めるために活動する「授権」国家（“enabling” state）

社会民主主義者は、政府の役割を狭く考える保守と異なって、国家の責任の一つが市場経済をスムースに機能するのに必要な法律と規制に確実に合致することにあると考えている。我々はこの分野で、我々の経済効果を高めるのに役立つ法律と規則を作成することによって、実際的な措置をとりつつある。例えば、資本市場や商業裁判所に関する我々の努力がそれである。

国家の役割の三つの概念を結合することによって、経済が共同体全体のサービスにおいて正常に機能するようにすることが我々の狙いである。

社会の諸階級は機会均等によって団結することができる

社会主義者であろうとすることは、より公正な社会を建設するために努力することである。したがって、社会主義者であることは不平等を減らすために、つまり人々の能力の差から生ずる格差ではなく、人間がどうすることもできない個人の出生または社会的地位から生ずる社会的不平等を減らすために努力することである。社会が弱者にこれまでよりも冷酷にならないように、強者に対する要求をこれまでよりも高めるようにすることは、我々の義務である。

福祉国家はこのことに役立つ。福祉国家は危機に陥っているが、我々はこれを改革しなければならない。いかなることがあっても福祉国家を解体してはならない。福祉国家――フランスでは L Etat-providence と呼ぶ――は、左翼が主導的役割を演じた歴史的闘争の産物である。これは「providence（神の摂理）」というフランス語の使用に示されるように、英語の「福祉（welfare）」という表現よりも強い刻印を我々の意識に残した。これは人間と集団の価値観を体現する民主的・社会的国家によって運命を変えたり覆したりすることができるという考え方を示している。たとえ福祉国家を改革しなければならないとしても、我々はこの伝統を断ち切ってはならない。

福祉国家の基礎は、過去二〇年間にわたる大量失業と労働の質的変化、つまり雇用保障の減少や移動性の増大などによって揺らいでる。それ以外の諸要因も役割を演じている。我々の寿命は長くなり、保健の進歩はコストの増大をもたらしている。そしてイデオロギー的観点からは平等の観念は疑問視され、民主的社会主義者としての我々が評価する自由と衝突し、ますます「生活水準低下（levelling down）」の過程と見なされるようになっている。

我々が主意主義と協議を組み合わせて福祉国家を近代化しなければならないのはそのためである。例えば、保健分野では、我々が支出を削減するために行なっているのはこのことである。我々は、コンピュータ化、保健ネットワークの設立、医薬品使用の合理化などの構造的改革を行なおうとしている。我々はまた協議により契約関係を改革し、保健に関係する種々のグループと協定に達しつつある。他方、国民皆保健制度の導入は不平等を無くすための我々の現実的解決法を表わしている。これにより我々の仲間の数百万の市民たちがより良く、より早い治療が受けられるようになるだろう。

年金制度改革にも同じようなバランスある措置が必要である。我々は自らの価値観を堅持することと現実を直視することの双方が必要である。異なる世代間の連帯を表明することにより、年金制度は国民的団結の土台を構成する。人々は定年退職した時に国家年金によって保護されることが不可欠である。同時に我々は既存の協定を脅かすことなく、新しい形態の貯蓄と年金とをリンクさせ政策を検討しつつある。

社会民主主義は、最初は社会的な諸階級間の不平等と闘うために発展したものである。だが我々の今日の闘いは社会的または経済的不平等そのものではなくて、不平等のそれぞれの面との闘いである。人々が教育や文化のような公的サービスから得る給付の不平等、暴力や犯罪に対する安全保障上で人々が感じる不平等がある。地理学的不平等がある――だから我々の地域開発が重要なのである。我々が特に努力しなければならないのは、所得や富の不平等が住宅、健康、情報の取得や市民権の行使、または男女間の不平等と結びつく場合である。このような多くの様々な種類の不平等の広範な自覚は、伝統的な再分配だけに基づく政策以上の取組みを要求する。課税と福祉国家は事後に平等を向上させるための努力の手段であるが、同時に我々は不平等の蓄積を予防するために事前に行動しなければならない。そのために我々は機会均等を達成しなければならない。

ここで社会的排除を無くすための法律は、政府の立法の中心的立法措置の一つである。我々はこの問題を解決するために社会のあらゆる資源を利用しなければならない。引上げられてはいるが低所得の人々に対して、我々は平等の向上を促進する財政改革を開始した。それらの財政改革により資本課税と労働との間のバランスが改善され始めた。我々の政策は社会的に排除された人々に雇用を与えるよう努力している。それは労働に参加することによって人々は社会の一部であると感じるからである。そして我々はすべての市民が安全な生活を送ることができるように、犯罪予防、教育、――そして必要な場合には――処罰する政策を追求している。安全は権利である。我々は危険を社会的不正の一形態と見なしている。我々は、極右が行なっている外国からの移民に対する侮辱的なデマゴギーや犯罪増加原因を彼等に転嫁することを断固として拒否する。我々はいかなる種類の社会的排除にも反対する。我々の政策の狙いは、あらゆる集団を社会に統合することにある。これはフランスの人々とともに作った「共和国条約」の基礎である。

中産階級は、社会から置き去りにされた人々と同様に、平等と社会的統合のこの運動に糾合されねばならない。フランス社会党は階級間政党である。党の社会的基礎は広く同質ではなく、近年になってさらに広がっている。最近、左翼は中産階級の間で強い、しかも増大する支持を受けている。その理由は、中産階級の多くは過激な新保守主義が自分たちに与える脅威を理解したからである。今日の左翼は特に道徳的、文化的態度で中産階級から近代的と見なされている。経営者や管理職は、規制政策を支持している。それは自分たちの生活が経済危機によって脅かされているからである。同時に中小企業のオーナーや経営者は、左翼の方が保守よりうまく産業政策の諸問題を解決できることを知っているからである。彼等は、左翼がニュー・ビジネスの創設、技術革新、ベンチャー・ビジネス、面倒な手続きの簡素化を支持していることを知っているからである。

したがって我々の役割は、社会の諸階級間、現在の社会に適度に満足している人々と平等の向上のコストの負担というペナルティを課せられること嫌がっている人々の間、平等の追求の基本的目標の対象となる人々の間を仲裁することである。これは重要な哲学的、政治的な点である。私は、たとえ社会主義者が中産階級と労働者階級の利害が異なり、時によっては相反することがあったとしても、両者を和解させることを目指さなければならない。我々は両者のそれぞれの利益を同時に向上させることを追求しなければならない。

我々が諸階級の新たな同盟の構築を目指すのはこのためだが、この同盟は社会における我々の支持の源泉と国全体の利益の双方を反映しているのである。

資料編

欧州左翼の社会・経済戦略

訳・柴山健太郎

I

パリ宣言——グローバル化の挑戦

社会主義インター第二一回大会

「第三の道」論争を中間的に総括し、グローバル化と国民国家の役割の変化、短期的な金融資本の国際的規制と民主的社会主義の新たな役割などに関する論議をより高い次元に発展させることをめざしたものが、一九九九年一一月八日から一〇日にかけてパリで開かれた社会主義インター第二一回大会だった。「より人間的な社会のために、より公平で公正な世界のために」のスローガンを掲げて開かれたこの大会には、五大陸の一三九カ国から約一〇〇〇名が参加した他、欧州連合その他から一一カ国の首相や大統領が参加した。

大会第一日に採択されたパリ宣言は、フェリーペ・ゴンザレス（スペイン社会労働党党首）を議長にフランス社会党の活動家を中心に起草されたもので、「第三の道」をめぐる欧州社会党内部の論争の成果が示されている。以下その全文を紹介する。

一　人類は、いまグローバル化現象という特徴を持つ新しい時代の変化を経験しつつある。産業社会の情報と知識に支配される社会への転換は、歴史上に未だかってない速さと規模で進みつつある。

二　この歴史的過程の原動力は、バイオテクノロジーと情報をめぐる技術革新である。情報、経済、貿易、資本移動のグローバル化は、新しい諸国と地域の急速な発展や保健や農業のような諸分野の科学的発展に証明されるように、完全に新しい機会をもたらしつつある。だがこれまでのところでは、諸国家や世界の様々な地域の内部で、より目立つ結果は極端な不平等の増加である。

このような理由で、世論から見たグローバル化の最も重要な特徴は次の諸点にある。

—通信手段の急速な変化と、時間および距離のドラスチックな短縮を伴う情報のグローバル化で、いかなる問題に関しても、地球上のいかなる地点ともリアルタイムでコンタクトできるようになった。このようなコンタクトは通常受信者に必要な相互協定もなく一方向に行なわれるという事実は、均質化の脅威と感じられることに直面して主体性が再認識されるために、国によっては文化摩擦を惹起することがある。

—経済と貿易のグローバル化は、企業、市場、労使関係および投資の範囲と構造を大きく変えつつある。生産性は向上し、テクノロジーは既存の職場のリストラを生む一方で、新しい職場を生み出すが、利潤の分配は不公平になるおそれがあり、伝統的な雇用の概念は変化しつつある。

—金融システムのグローバル化は、短期資本の加速的増加をもたらしたが、その動きを予測し、有効に規制する枠組みは存在しない。これらの資本の九〇％以上は一週間以内の期間内に発生し、商品やサービス交換の既存のパターンには適合していない。九〇年代の初め以来、諸国全体と全地域が一連の危機に見舞われ、危機は拡大し関係地域の成長、所得、雇用に重大な打撃を与えた。この現象は、多くの国で行なわれた財政調整による貯蓄の流れの自由化により増大する傾向にある。

この歴史的時期の大きなパラドックスは、人類に不平等、飢餓、病気または文盲などのような伝来の諸問題を克服するためのかってない大きな可能性をもたらされたことである。だがその反面、これらの機会は既存の不均衡をかえって増大させるだけで、その不均衡を是正するためには生かされていない。我々はこのような傾向を逆転させることにより、グローバル化を人類の進歩のために役立たせることを決意している。

平等な権利への要求は今世紀の最も偉大な業績であるにもかかわらず、依然として残っている重大な不平等は男性と女性の間の不平等である。

金融危機、移民の流れ、環境破壊、軍事紛争のような主要な諸問題の範囲は地球全体を包含しているので、我々の相互依存性は増大している。

主要諸国は、金融不安の重大な諸結果をうまく自国の国境内部に抑制し、新興諸国に波及することを防いでいるが、これも次第に困難になりつつある。東南アジア、ロシア、ラテン・アメリカの流行病は、世界的流行病になる恐れがある。

熱帯林の破壊は主要国の主要な関心の一つであるが、熱帯林のある諸国や依然として飢餓と低開発が一般的な発展途上国ではそれに反対している。

三　一〇年前のベルリンの壁の崩壊は、現代の政治的変化のシンボルだった。二〇世紀後半の恐るべき確実な破滅への道へのドアは最終的に閉じられて、新しい世紀に向かう不確実な希望のドアが開いた。

新保守主義やネオリベラル的イデオロギーは、「資本主義的」民主主義に完全に取って代わる共産主義モデルが排除されたことで、ますます傲慢で単純な原理主義的な世界観の色彩を強めている。それは市場経済と市場社会を混同し、それ以外の形態の経済をめぐるイデオロギー的な論争に対する勝利を宣言するまでに至っている。

これに対する反動の結果として生れたのが、実に様々な政治的見解と文化的概念の出現だった。これらも以前は二大ブロック体制と恐怖の均衡に基づく共産主義と資本主義の相対立するモデルに包含されていたものである。数多くの市民は反動的な新保守的原理主義を拒否し、民主的社会主義、社会民主主義その他の新たな進歩的思想に基づく連帯を強める方向をめざした。これは改革を約束し、正義、自由、連帯という自らの目標を達成するために、新たな方法を用いる新たな民主的左翼への道を開いた。

ベルリンの壁の崩壊は、東欧の多くの諸国で失われた自由の復活と民主主義の再確立と「平和の配当」をもたらしたが、未だ完全には達成されていない。恐怖の均衡に代わるべき新しい国際秩序の創出機会になると予想されたことは、安全保障、経済、金融に関しては混乱を拡大させる結果になった。唯一の超大国を頂く多角主義は、数多くの民族・文化紛争や社会的排除や侵略的国家主義を生み、既成の国境の破壊と、新たな崩壊の脅威をもたらしている。

四　技術革新、経済と金融グローバル化の効果と敵対ブロックの消滅は、民主主義と主権の中心としての国民国家の役割を変えつつある。

グローバルな金融市場の操作によって訓練されたマクロ経済政策は、それらの政策が達成しようとし、公的負債やインフレなどに関する厳しい諸要件に対応することを強制する政策に制限されている。多くの論争の結果決定されたのは、新たな公共政策の焦点を結果それ自体ではなく、所要のマクロ的結果を生みだすことをめざす収支をミックスしたものであった。そしてそれは重大な問題にはされなかった。また物価安定のための金融政策と雇用創出政策を調整することにも困難が生じた。

国民国家の構造は、二重の分権化の過程を通じて変化しつつある。一つは下部から上部への過程だが、これは国家的な領域が縮小すればするほど、大きくなる新たな挑戦に対する対応能力を追求する多国家間の計画を生み出している。もう一つは上部から下部への過程で、より大きな柔軟性と、より住民に近く、場合によって異なる民族的・文化的な主体性をよりよく改善するという観点で、国家の領土支配権を再分配する新しい方法が創造されつつあることである。権限委譲の概念が権力分配の方法の一つとして現われている。新しい時代に、国家にとって必要不可欠な範囲とは何かを決定するための新しい論議が始まっている。国民国家は、この分権化の過程が下部から上部へ行なわれるか、それとも上部から下部へ行なわれるかを問わず、これらの諸グループの結合を保障する制度である。このように国民国家の役割は決定的である。

政治そのものの機能も変化しつつある。ネオリベラル・イデオロギーや新保守主義に基づく「小さな国家」への傾向は、いわゆる市場社会内の新たな擁護者の増大と協力しあって進行している。だがこの市場社会とは実際は民主的社会における市場経済なのである。市場社会では、共存、自由、団結の精神が支配する公共領域と公共精神を破壊する個人主義が広がる危険性がある。「価値と価格」の概念が混同され、費用・便益の精密なルールに注意を払うことなく価値を付加するものはいかなるものも冷笑される。国民国家内部の政治の範囲は縮小し、国民国家はもはや公的利益を完全に代表することは不可能になりつつある。国民国家はグローバル化の過程から生ずる国家間の諸現象に対応する能力を失なった。

グローバル化によって生まれたネオリベラル的・新保守主義的イデオロギーは、教育や保健のような普遍的な権利の充足をもはや政治的義務とは見なしていない。公的機関はもはや産業に対する直接的監督から手を引くばかりでなく、こうした公認された諸権利を遂行する自らの責任に異論を唱えている。市場を神聖化し、公的利益を充たすために市場を利用することに反対する挑戦で、民営化にはますます大きな問題が生じている。国によっては、通信、遠距離通信、エネルギー、運輸のような伝統的な公共サービス部門が無秩序で、それらのサービスの供給でも機会の均等や不均等が生じている。

政治的領域・機能は変化しつつあるが、これらの諸問題に関する論議は、政治的義務より利益の最適化が優先されるような場合には、防衛的、またはなげやりな態度で行なうことはできない。公共機関は効率的な市場経済を推進しなければならないと同時に、市民に機会均等を保証し、市民の普遍的諸権利を充足し、消費者を独占的な市場傾向から守らなければならない。常に我々の政治的手法を規定する資本主義との批判的関係は、再分配の可能性を改善すると同時に、社会的市場モデルを持続的なものにする。企業利益の最適化を唯一の目的とする私的独占のために完全に公的独占を放棄することは、すでに多くの諸国で生じ始めている重大な不平等をもたらす恐れがある。

五　この新しい時代は、国際的分野に強力な影響をもたらしつつある。二つのブロックの支配が政治や安全保障から経済、貿易、金融などの諸分野にまで及んでいた時代の諸条件に適合して生れた戦後構造は、現在ではもはや不適合であり、場合によっては時代遅れになっている。環境問題とともに現在進行しつつある政治的・技術的変化や、文化的主体性の主張、止めようのない移民の流れや政治自主権の縮小は、混乱と不効率を惹起している。挑戦はますます地球的規模になりつつある。政治は地球的な規模の挑戦に対応するのに必要な手段を持たず、地域的領域に縮小しつつある。統治能力や安全保障、平和、経済、金融および環境の諸問題は、不確実性を生み出し、不平等と混乱の危険を増大させている。

国連や国連安全保障理事会は、平和や民族浄化、大規模な人権侵害や地域紛争の脅威に直面して能力を発揮できず、有効でないように思われ、行動の手段がなく、必要な決定を採択することさえできない。大量破壊兵器の普及、テロリスト・グループが高性能の兵器を入手することがますます容易になっていること、同じように入手が可能な新技術を用いた国際犯罪までのすべてが国際社会に対する新たな脅威になっているが、国際社会はそれに対抗する必要な手段がないために無力である。

経済および貿易分野では、世界貿易機関（ＷＴＯ）は様々な発展段階にある諸国間の貿易の新たな均衡を生み出すための努力を十分に発揮していない。発展途上国や貧困国と連帯は、不均衡を激化させる保護主義的政策とは両立しない。ＷＴＯは、「ソーシャル・ダンピング」の最も痛ましい実例である児童労働や奴隷労働の搾取を防止することにも成功していないし、既存の公正な競争原理を尊重させることもできないでいる。国際労働機関（ＩＬＯ）の行動原則とその行動能力とのギャップは、直面する社会的諸問題に対応できない国際共同体の欠陥の証明である。

金融に関しても、ブレトン・ウッズ体制の崩壊と短期資金の流れの途方もない増大により、国際通貨基金（ＩＭＦ）や世界銀行やその他の地域的な金融機関は頻発する金融分野の大変動に対応できなくなっている。ＩＭＦと世界銀行内の亀裂は、両制度の機能の相違と半世紀前に作られた時代遅れの規則や規制によるものである。国連の開発計画は、持続的開発を測定する重要な基準を採用している。

金融に関しては、ブレトン・ウッズ体制の崩壊と短期資本の流れの驚くべき増大によりＩＭＦ、世界銀行、既存の地域的金融機関は、ますます頻発する金融不安に対応することができなくなっている。ＩＭＦと世界銀行内部の亀裂は、両機関の機能の相違と半世紀前に決定された規則や規定の時代遅れになっていることによって説明することができる。グローバル化の現実の新たな出現は、これまでの開発の境界線を移動し、これまで放置されてきた諸地域を組み込むと同時に、さらに深く貧困に落ち込みつつあるその他の諸地域を完全に排除するのである。

環境保護のようなその他の挑戦は、必要な行動手段が欠けている。リオと東京・サミットで行なわれた公約は、解決をもたらすどころか、先進国とグローバル化の過程から排除されている発展途上国との間の深い分裂をさらけ出した。

最大の矛盾は、情報、貿易、投資、資本移動、サービス交換などに対する境界や障壁が撤廃された世界で、人間の移動に対する障壁が整備されつつある事実である。実際に、移動の自由が広く要求されているのに、それは人間に対してではない。人間は自分たちの未来と尊厳が保障されていると否とを問わず、依然として自分たち自身の国の中で自分たち自身の運命の囚人になっているのだ！だが外国人排斥の運動の広がりにもかかわらず、移民の流れは続いている。これらの流れを阻止したり、それが我々自身の社会に及ぼす影響を予測することは不可能である。これらの移民の五〇％以上は女性であり、政治的、人種的、文化的、宗教的迫害から逃れてくる女性の数は依然として増大しつつある。

したがって、この新しい時代の最も重要な問題は統治能力であり、また我々が情報社会と呼ぶものの持続可能なモデル、もっと大きく言えば、社会的・経済的・環境および人間的諸問題において専門的知識に立脚する社会の創造である。

我々の公約　地球全体の進歩

現在、社会主義インターの加盟組織が、自らの歴史の中で最大の発展を示した時期にはつねに、より偉大で、自由で、より平等で、より団結した広範な伝統を持つ社会や、連帯に対する我々の公約に示された諸目標を達成する手段と方法の多様性に関する合意があった。これは各国の主体性とすべての国民社会の歴史の様々な段階で直接的優先権を尊重する、歴史的に多様で民主的な運動には全く当然なことである。

同時に歴史を通じて、民主社会主義的、社会民主主義的、労働および進歩的運動は、ウイリ・ブラントが我々に想起させてくれたように、自分自身を革新し、新しい局面を開くことができた。例えば、欧州では社会民主主義は自らの改革能力を証明したが、いわゆる「現存社会主義」は破綻した。新しい型の社会民主主義的思想を求める要求は、自由への欲求に根ざす正義への欲求から生れる。我々が市民の自由と両立しない共産主義思想から離れ、対決するようになったのはこのような信念からである。我々は、自らの諸目的を達成するのに使いる手段の革新的で新しい性格を認める。我々は、社会主義を資本主義の部分的なオールタナティブ（代案）と見なす考え方に反対する。これは手段と目的をあたかも宗教的または不変的な考え方でもあったかのように故意に混同するのに役立つだけである。

我々は、社会主義インターの加盟政党または世界の様々な地域のその他の進歩的グループによる、各種の討論フォーラムでの我々の理論の改革のためのさまざまな努力を尊重し評価する。これは新保守主義に対決する新しい思想と行動を切り開くための貴重な努力である。そこには国民社会と国際共同体における連帯の諸目的だけでなく、我々の変化する時代の現象の理解や、情報・経済・金融のグローバル化や、ブロックの政治の撤廃に関して、数多くの意見の一致がある。そうであるからこそ、これは人類とその共同体の多様性を証明するそれぞれの社会の多様性を尊重し、共通の諸目標を目指し前進するための意見の一致の一つの要素でなければならない。このような共通の思想の財産は、開かれた対話のテーマでなければならない。こうした対話によってこそ一つの文化から他の文化へ伝達しうる多様な様々な経験を創造できるのである。

重要なことは我々を団結させている価値観、つまり人権の普遍的な尊重に基づくより大きな社会正義を達成するための人間の生活条件の改善をめざす連帯、男女平等、民主主義の本質である男女両性および個人的、集団的自由である。

このような開かれた対話が行なわれる環境で、我々の間に相違があるとすれば、それは我々を豊かにする一つの方法であり、これによって我々は相互依存の関係を分かち合い、我々の諸目標を達成するために行動を統一することができるのである。

我々が開始し、今後も続けなければならない論争は、提供される巨大な範囲の新しい機会を利用し、またもしこのような機会が新自由主義的な原理主義によって推進される破壊的な個人主義の手に落ちた場合に生ずるリスクを最小限に留めることにより、この新しい時代のグローバルな挑戦に直面するための新しい公約を行なう可能性を与えている。

我々は科学や革新の事業、我々の環境保護の諸部門の関係者や、企業または文化世界の新事業家や要職にある市民との公開討論を要求する。この討論は、知識を革命化する新事実の分析と、政策手段の革新において将来を見通したものでなければならない。

物質的富、教育、保健、高齢者介護の再分配に関する我々の提案を導いているのは、常に我々の主体性の表現としての連帯である。男女平等のための闘い、出生、信条その他のあらゆる形態の差別に対する闘いに我々を導いているのは、連帯である。

だが我々は、普遍的権利を承認し充足しても、それに伴って市民の責任感が向上しない場合、受動的な再分配政策に陥る危険性を自覚している。我々はまた、よく整備された福祉制度を持ち、またその制度が福祉の再分配になった時に圧力にさらされる社会において、福祉政策を持続させることの困難さを自覚している。我々が権利と責任の間、最大多数の人々を包含する積極的政策と、何人をも排除しない普遍的政策の間の均衡を要求する理由はそこにある。

我々は、イニシアチブ、個人的な創意性の奨励、進んでリスクを引き受ける意志の再分配を提案する。なぜならこれは他人のために富と機会を創造する社会的価値を有しているからである。経済的、社会的、または文化的事業における企業家精神を推進することは新しい連帯性の次元であり、それには個人的なイニシアチブや創造性が報いられる新しい文化を作り出すことによって社会的態度、教育、訓練制度を改革しなければならない。協同組合的意味での企業家精神の再分配は、連帯の表現の一つであり、社会を拒否する欲得づくの利己主義とは正反対のものである。

二〇〇〇年という年は、我々のとっては現在のグローバル化の過程に社会的次元を与え、それを人類に奉仕させるための新たな公約を開始する年である。このミレニアムの開始に当たって、我々はこの新しい紀元の挑戦に直面して自らの協定と公約の世界綱領を提出する。さらに我々は、それぞれの優先課題を明らかにした地域的課題（欧州、ラテン・アメリカ、アフリカその他）を加える。これに基づいて、我々はそれぞれ自らの主体性に適合させたものではあるが、他者との有益な経験の交換のための道を開く国民的計画を発展させる決意である。

我々の意図は、代表制民主主義と市民参加の役割を育て改善することである。社会全体にとって重要なことは、男性と女性が公的生活でも私的生活でもより平等に参加するよう配備され、責任を分担し、ジェンダーの問題があらゆる水準やあらゆる地域のあらゆる政策でも一部となるようにすることである。

我々は、「グローバルな進歩委員会」（Global Progress Commission）がこの三年間に達成した作業に極めて満足し歓迎する。開かれた討論のこのような結果として、行動のための提案が作成されるだろう。

我々が望むインターナショナルは、グローバルな価値観や目的が一致する組織であり、また我々が活動する社会の優先課題と主体性に基づき、自らの諸目標を達成するために利用する手段の多様性を認め、自発的に利用する組織である。

その組織はますます普遍的な対話のために開かれ、不公正と不平等との闘いで連帯する精神が満ち溢れた組織である。その組織は国際的フォーラムにおいて積極的であり、グローバル化のこの新世紀に必要な改革を提案する組織である。

上記のすべての理由により、パリに集まり、新しい世紀の前夜にあたって、

我々は次のことを確認する

現在、最も重要なのは政治がグローバル化の挑戦に対応することである。地球上のあらゆる民主的な市民たちによって表明されたのは、政治の独立性の回復である。我々の任務は、現代の新しい挑戦に適合した対応と行動を励まし、より大きな自由、平等および連帯を与えることである。

我々は、排他的な原理主義に脅かされている市民たちや、いわゆる市場の「見えざる手」に運命が委ねられていると感じている市民たちに対して呼び掛ける。我々は民主的制度を革新し、強化することを提案する。我々が望むのはは自由な社会である。その社会とは、市民たちが自分自身の運命と、個人と全社会の双方に利益をもたらしうる新しい形態の付加価値を創造する能力とともに多様性が支配する自分たちの共同体の運命を引き受けうるものである。

我々は、不平等に対する闘いで連帯が最も高貴な人間感情であると感じる人々に呼び掛ける。なぜなら、連帯は教育、雇用、貧困と飢餓に対する闘いの新しい機会に道を開くからである。我々は、異なる文化を持つ異なる地域の男性や女性に呼び掛けるとともに、彼等が我々の共通の任務と目標の達成の事業や、人類を待つ新しい紀元の新しい機会の巨大な希望の流れに加わるよう要請する。

我々は、これらの偉大な挑戦に取り組むのにいまだかってない手段をもっていることを知っている。だが我々の知識がこれらの手段を理解できても、すべてはこれらの新技術を人類に奉仕させることにより目標を達成するという自らの決意と実践にかかつているのである。

民主的社会主義は、資本主義との恒久的な批判的関係の中から生まれ、発展してきた。社会正義、男女平等のための闘い、差別とより公平な給付の分配に対する闘いに示される連帯はすべて、この批判的関係の存在理由である。我々は、市場の創造的で生産的な機能を認め、尊重する。民主主義は、常に自由市場社会の中で発展してきた。だが我々は、市場にそれが与えうる以上のものを要求しない。権威主義的社会と市場を持つ社会は存在するが、市場のない民主主義は存在しない。したがって我々は、市場と民主主義を混同しない。利潤の最適化を達成する価値観以外の人間的価値観がある。教育、健康、文化などはすべて付加価値を生み、開放経済の効率的な機能を高め、持続可能な経済を作り出す。だがこれらの価値観は市場規制の方法で拡がることはできない。商品と機会の再分配をもたらす決定的な関係は、民主的社会主義が主要な役割を演ずる社会にはるかに強い影響を与える。

市場の限界を越える自由と平等の機会の社会における共存を保証することは、政治の任務であるが、それは政策作成者の市民的、民主的公約である。かくしてあらゆる社会は自らの発展水準のいかんを問わず、影響を受ける。なぜなら、これは既に達成された改革や改良の社会的結合を一層強める任務の一つだからである。

グローバル化の管理は、政治行動の改革と強化、地方的、国家的、地域的、国際的な規模での民主的参加の質と水準の向上を要求する。参加とルールなき世界は、不平等と分裂をもたらす。我々は、地球上のあらゆる部分で不信と不安と不平等と紛争を生み出すこのような世界観に断固反対する。

我々は、健全で、バランスがとれ、成長と雇用を生みだすことができる経済政策の価値を信じている。通貨・経済政策は、安定成長と雇用のために連動しあっている。我々は過度のマネタリズムを拒否する。

教育、保健、高齢者介護、児童および青年の保護に対する普遍的権利を充足することは、政治の責任である。社会の品位は、基本的人権を代表するこれらの目標の達成に献身する決意によって計られる。

管理方法のいかんを問わず、運輸、電力、通信および電気通信などのような公的サービスの適切な運営を保証することは、政治の責任である。これらの公的サービスは、すべての市民に平等な機会を与えるという要件を充足しなければならない。広大な都市地域への過度の人口集中は、疎外と社会的排除の新たな「ゲットー」になる傾向があるので、これらの公的サービスはこれを防止しなければならない。

環境は、すべての世代の遺産であり、また将来我々の任務を引きつぐ人たちに対しより大きな連帯を要求するものであるが、その環境を保護することは政治の責任である。

世界のあらゆる部分における人権の擁護は、政治の責任である。

権力闘争の常軌を逸した表現である文化的相違を口実とする権力濫用が隠されている世界のあらゆる地域における人権を擁護することは、政治的責任である。男女両性に対する平等は文化的問題ではなく、人類の基本的要件である。肉体的、道徳的完全性（integrity）は、基本的、普遍的権利である。なぜならそれは個人と集団の自由だからである。

主体の多様性を尊重すると同時に、普遍的人権を尊重しつつ異なる価値観を共有することを学びながら、平和と安全を保障する新しい国際秩序を創造することは政治の責任である。

これらすべての目的に基づき、ここに我々はここに「グローバルな進歩プロジェクト」の優先的課題を宣言する。

一　発展途上国に固有な技術の欠如を含めた貧困と飢餓に対する闘い。搾取と世界の経済的・技術的資源の取得の不平等さに反対する闘い。二〇〇〇年は極貧国の負債の棒引きのために決定的な年にならなければならない。先進七カ国の公約は実施され、この棒引きがそれらの諸国の農業、食糧生産、基本的インフラ、教育および訓練への投資を再開するのに役立たなければならない。我々は貧困との闘いで、グローバル化で最悪の条件がさらに悪化して苦しんでいる女性のために特別な戦略を創出しなければならない。貧困を絶滅するために、重要なことは女性が自立的になることである。女性は開発の積極的な要員とならなければならず、援助計画の受動的な受け取り手になってはならない。

二　人権と民主主義のための闘い。我々は国際法の枠組みの中で、「人道的理由に基づく介入の権利」を行使する必要を支持する。なぜなら、国家や帰属意識の相違などの相違で、大量虐殺や民族浄化は正当化することはできないし、故意に普遍的な人権を侵害する独裁者を免責する理由にはならないからである。悲惨と社会的排除の状態で放置されている貧困国の市民たちが、たとえ大量虐殺、民族浄化、大量の国外追放、女性に対する容認できない差別がなくとも、独裁、抑圧、拷問にさらされることが、偶然的ではなくしばしば生じている。世界の隅々まで、またすべての異なる文化の間での人権と民主主義の拡大こそ、我々が代表する左翼の基本的な願望である。女性の人権は普遍的人権の一部として、不可欠で、不可分で、譲渡できないものである。それらの権利の承認と完全実施は、女性が完全な自由と品位を享受するために障害を克服しなければならないことを意味している。このためには、また暴力、売春、強制売春に対する闘い、家族計画選択の自由や保健の推進、女性移住の特殊な諸問題の解決などが必要である。

三　紛争を予防し、管理し、解決するための有効な多角的な手段を持つ新しい国際的秩序による平和と安全保障の確立は、新しいグローバル化の時代における政府の活動を助けるために不可欠である。我々は、民主的に常任理事国の数を増やすことによって国連と国連安保理事会改革を提案する。これを行なえば国連の民主化に貢献し、安保理事会は新たな現実をより代表することになるだろう。

四　我々は、新しいグローバルな経済・金融システムの創設を熱望している。それにはＩＭＦ（国際通貨基金）、世界銀行、ＷＴＯ（国際貿易機関）などのような約五〇年前に創設された機構の重大な改革が必要である。それらの機関はいずれも変化する時代に即応できなくなり、予防と行動の新しい新たな手段が必要になっている。巨大な短期資本の流れを規制する機構がないために、その動きの増大と金融危機の危険と金融機構に抑止できない大変動の発生を予測することは不可能である。短期資本には透明性も統制もなく、金融取引を隠蔽する金融業者の「脱税天国」が生き残っているので、腐敗した取引から得た不正な「資金洗浄」の摘発はますます困難になっている。また国際平和と安全保障は経済的、金融的次元を持っており、それは我々の進歩的態度態度で大胆に処理しなければならない。したがって不可欠なことは、国際金融制度の透明性を高めることを保証すること、投機的な投資資金や治外法権諸国を含めて、あらゆる金融制度に対してよく考え抜かれた規則を確立すること、財政的な脱税天国の廃止すること、発展途上国に対する投機的な短期資本の流通の潜在的に攪乱的な諸効果を制限すること、危機の解決に貢献要因である貸付け機関を含めること、組織犯罪、国際的麻薬取引、「資金洗浄」と闘うことである。国連の監督下に経済安全保障理事会を設立すること。

五　環境制度は人間の国境を知らないものであり、この制度の積極的な保護は敏速で継続的な対応を要求している。今日では自然の均衡を維持するために技術的援助を利用できる。それと同時にバイオテクノロジーの発達には極めて重要な倫理的、法的および文化的諸問題がある。バイオテクノロジーの発達は、それの乱用が重大な結果をもたらすことを恐れる人々の不安に留意して、客観的・科学的な証拠に基づき監督し規制しなければならない。技術革新は、本質的には中立的なものではあり、これまで人類に思いもよらない利益をもたらしてきたが、同時に我々のプライバシー、品位、高潔さ、我々の文化的主体性に対する脅威になっている。我々の平和的共存は、自然的、文化的多様性を無視することにより新たな形で脅かされている。これらの諸問題と解決方法を理解するには、我々の行動原理はそれらの諸問題が共通の複数の富を形成するという事実を尊重し考慮することでなければならない。

六　国際共同体では地域的協力が進んでいる。欧州は、経済・通貨同盟にむけて着々と歩み、政治的・文化的協力を強化し、必要な場合には主権まで共有している。欧州は、自分自身のために活動している国連が有効に対応することができない挑戦に最も適切な方法として支持し評価している開かれた形態の地域主義を目指している。地域的に共有される主権は自らの立場を強める。その他の異なる発展段階にある開かれた地域主義の形態が、ラテン・アメリカからアフリカ、アジアまでの世界の他の部分で始まっている。我々は、ブロック政治の特徴である二極体制が終了した後の新しい政治は、文化的多様性を尊重しつつ、共通の利益と主体性を持つ諸国の間の地域的協力を強化することによってより一層健全な基礎の上に置かれるようになるだろうと確信する。このような形態は、ただ単にそれらの諸国の経済や域内貿易だけでなく、世界のその他の部分との貿易の一層効果的な発展を達成させるだろう。このような形態は、さらに平和と安全保障、環境保護、技術移転のための均衡の取れた新たな政策を創出するだろう。社会主義インターに加盟する諸組織は、単なる多角主義より効果的に国連の役割を強化することができるこの種の地域的発展に賛成する。

これらは政治的対応である。責任ある政治家として、技術革新の巨大な利益、恐怖の均衡の一掃、新しい時代にはつきもののリスクを最小限にすることで、不安定性を希望に変える任務に献身することは我々の義務である。

我々は政治の中心的役割と政治の機能と方法の革新を要求するとともに、手段の多様性を承認し、我々のそれぞれの人間社会と国民社会のより大きな平等、正義、自由を達成するための公約を再確認する。我々が提案する「グローバルな進歩」は、グローバル化の挑戦に対抗するためのものである。

Ⅱ

情報技術(ＩＴ)革命下における社会・経済戦略

完全雇用をめざすリスボン欧州首脳会議

二〇〇〇年三月二三、二四両日、ポルトガルのリスボンで開かれた欧州連合（ＥＵ）特別首脳会議は、二〇一〇年までに完全雇用を達成する「新戦略目標」を盛り込んだ議長総括を決定した。

ＥＵの失業率は一九九〇年代半ばまでは一一％を越えていた。本年一月の時点では八・八％にまで改善したが、それでもまだ一五〇〇万人以上の失業者がいる。議長総括はこのような深刻な失業率の大幅引き下げを達成するため、「完全雇用」をめざす「新戦略目標」を策定することを決定した。そのために短期、中期、長期の達成目標を明記した指針（ガイドライン）を定め、各国ごとに目標値を決めてこのガイドラインを国内政策や予算に反映させることをうたっている。

当面、失業中または失業の危機にさらされている青年、女性、成年労働者などの労働環境を整備し、一五～六五歳の就労率を現在の六一％強から七〇％近くまで引上げる。特に女性の就業率が五一％強と極めて低いのでこれを六〇％以上に引上げることで、働く意欲と能力があれば必ず就職できるようにすることをめざしている。

そのためにＥＵは、①年内に地域通信市場の自由化を達成し、②電力、ガス、水道、郵便、鉄道、交通などの自由化を急ぎ、ビジネス・コスト引き下げ、③金融市場改革や税制改革によりベンチャー・ビジネスの創業を促し、情報・通信分野で雇用を生み出し、④特に教育分野では二〇〇一年までに加盟諸国の全校をインターネットに接続し、二〇〇二年には全教師に技術を習得させる、⑤情報教育や職業訓練で「就業能力」を高めるなど徹底した経済・社会改革に取り組むとしている。以下、議長総括の「雇用、経済改革および社会的団結」を紹介する。

雇用、経済改革および社会的団結——次の一〇年の戦略目標——

新たな挑戦

一　EUは、グローバル化による巨大な変化と新しい知識集約経済の挑戦に直面している。これらの変化は人々の生活のあらゆる面に影響を与え、欧州経済の徹底的な変化を要求している。EUは自らの価値観と社会の考え方に合致する方法で、また来たるべきEUの拡大を考慮に入れてこれらの改革に取り組まなければならない。

二　この改革のペースを急がせ、さらに加速するために緊急なことは、EUが現在ある有利な機会を完全に利用するように活動することである。したがってEUにとって必要なことは、明確な戦略目標を設定し、知識産業基盤を建設するための挑戦的計画に合意し、改革と経済改革を強め、社会福祉と教育制度を近代化することである。

EUの強さと弱さ

三　EUは、一世代にわたり最良のマクロ経済的な見通しを実現しつつある。賃上げの抑制も含む健全な財政政策に支えられた安定指向の金融政策の結果、インフレと公定歩合は低く、公共部門の赤字は著しく減少し、ＥＵの国際収支は健全である。ユーロ導入は成功し、欧州経済に期待された利益をもたらしている。国内市場は大きく成熟し、消費者にも企業にも同じように実質的利益をもたらしつつある。来たるべきＥＵ拡大は成長と雇用の新たな機会を創出するだろう。ＥＵは本質的な価値以上に、知識集約社会に移行する構造的変革を行なうのに必要な安定した枠組みを与えることができる、総合的によく教育された労働力や社会的保護制度を有している。成長と雇用創出が再び始まっている。

四　このような強さがあるからといって幾つかの弱さから注意をそらしてはならない。一五〇〇万人以上の欧州の人々が依然として失業している。雇用率も低く、その特徴は女性や中高年労働者の労働市場への参入が不十分なことにある。ＥＵのさまざまな地域に特有の長期的な構造的失業や地域的に著しい不均衡な失業率が存在している。サービス部門の発達は立ち後れており、特にテレコミュニケーションやインターネットの分野では際立っている。特に情報技術では技術的格差が広がりつつあり、ここでは雇用の需要が増大しているのに雇用が不足している。現在のように雇用状況が改善している時は、競争力と社会的団結を結びつける積極的な戦略の一部として、経済改革と社会改革を同時に遂行するのに適した時機である。

未来への道

五　ＥＵは本日、次の一〇年の「新戦略」を決めた。その目標は、より多くより良い雇用と、社会的団結の強化をもたらす持続的経済成長を達成できる、世界で最も競争力のある活力ある知識集約的経済になることである。この目標を達成するためには、次の諸点を目指す「全体戦略」が必要である。

すなわち
―情報社会をめざすよりよい政策や研究開発（R&D）および競争力と技術革新のための構造改革の過程を促進させることによって知識集約経済・社会への移行を準備し、さらに国内市場を成熟させることによって
―欧州社会モデルを近代化し、人材に投資し、社会的排除を根絶し
―適切なマクロ経済政策ミックスの採用により健全な経済展望および良好な成長見通しを持続させること。

六　この戦略が作成されたのは、ＥＵが完全雇用の諸条件を回復し、ＥＵの地域的団結を強化するためである。欧州理事会は、女性や男性の個人的選択により適合する新しい社会を創出することにより欧州の完全雇用の目標を設定する必要がある。もし健全なマクロ経済を背景にして下記の諸措置が実施されれば、近い将来に平均約三％の経済成長率は現実的な見通しになるだろう。

七　この戦略の実施は、既存の方法を改善し、さらにそれをより一貫した戦略方向と進捗状況の有効な監視を保証するための、欧州理事会のより強力で調整的な役割と結びついたあらゆる水準での新しい開かれた調整方法を採用することによって達成されるだろう。毎年春に開催される欧州理事会の会議では、これに関する指令を作成し、それらの指令が順守されることを保証する。

競争力を有し、活力のある知識集約社会への移行の準備

あらゆる人々のための情報社会

八　新製品とサービスによって促進される情報通信（digital）・知識集約経済（knowledged-based economy）への移行は、成長、競争力、雇用のための強力な原動力になる。さらにそれによって生活の質の向上と環境改善が可能になる。この機会を最大限に利用するために、欧州理事会と欧州委員会は、欧州委員会の最近のｅ—欧州イニシアチブと委員会情報「情報化社会の雇用戦略」を組み合わせ、各国のイニシアチブの基準に基づく開かれた調整方法を用いて、本年六月の欧州理事会に提出される包括的なｅ—欧州行動計画を起草するために招かれている。

九　企業と市民は、安価で世界的規模の通信インフラストラクチャーや広範なサービスを利用することができなければならない。あらゆる市民がこの新しい情報社会で生き、生活するのに必要な技能を持たなければならない。様々なアクセス手段で情報からの社会的排除（info-exclusion）を防がなければならない。文盲を一掃する努力を強化しなければならない。障害者に対しては特別な関心を払わなければならない。情報技術は都市と地方の再開発と、環境に優しい技術を発展させるのに利用することができる。情報産業は欧州文化の多様性を追及しネットワーク化することにより付加価値を創出している。可能な限りアクセスできる情報を作成する新技術を開発するために、あらゆるレベルの公共機関により有効な努力を行なわなければならない。

一〇　欧州の電子潜在能力（ｅ—ポテンシャル）の完全な実現は、ＥＵがさらに多くの企業や家庭

が高速接続によりインターネットに接続することでEUの競争者に追いつくことができるように、電子取引やインターネットを普及する諸条件を創出できるか否かにかかっている。電子取引のルールは予告され、企業と消費者の信頼を高めなければならない。欧州がモバイル・コミュニケーションのような主要な技術分野で自らの優位を維持し続けることができるような措置を講じなければならない。技術変化の速度が早いので将来は新しいよりフレキシブルな規制措置が必要である。

一一　欧州理事会は特に次のことを要求する。

—欧州理事会は、適切な場合は欧州議会とともに、二〇〇〇年の年内にできるだけ早く電子取引に関する法的枠組み、著作権とそれに関連する諸権利、電子マネー、金融サービスの遠距離販売、裁判権や判決の執行、民需・軍需両用製品・技術貿易検査体制（dual-use export cntrol regime）などに関する未解決の立法措置を採択すること。欧州委員会と欧州理事会が特に相互の紛争解決制度により電子取引に対する消費者の信頼を向上させる方法を考えること

—欧州理事会と欧州議会は、遅くとも二〇〇一年までに、電気通信規制枠組みに関する自らの見直しに基づいて、欧州委員会が発表した立法提案に関する作業を終了すること。加盟諸国と、適切な場合には欧州共同体は、将来のモバイル・コミュニケーション・システムの周波数の諸要件が適時に有効な方法で解決されることを保証すること。二〇〇一年末までに完全に統合され、自由化された電気通信市場が完成されねばならない。

—加盟諸国は、欧州委員会とともに、二〇〇〇年末までに地方のアクセス・ネットワークの競争力を高める、さらにインターネットの利用コストの大幅引き下げを達成するために地方ループ

(loop）の価格自由化（unbundling）のために努力すること。

―加盟諸国は、二〇〇一年末までにＥＵ内のすべての学校がインターネットやマルチメディアにアクセスし、さらに二〇〇二年末までにすべての教師がインターネットやマルチメディアを使用する技量を持つことを保証すること。

―加盟諸国は二〇〇三年までに主要な基本的公共サービスに対する一般的な電子機器によるアクセスを保証すること。

―欧州共同体と加盟諸国は、欧州投資銀行（ＥＩＢ）の支援により、すべての欧州諸国でインターネット・アクセスのための低コストで高速の相互接続のネットワークを利用し、最新式の情報技術やその他のテレコム・ネットワークやそれらのネットワークの内容の発展を促進すること。ｅ

―欧州行動計画でそれぞれの目標を規定しなければならない。

欧州研究・開発エリアを建設すること

一二　経済成長、雇用、社会的団結を達成する場合の研究・開発の果たす重要な役割を考えれば、ＥＵは欧州委員会の情報「欧州研究エリアを目指して」で設定された諸目的に向かって活動しなければならない。一国とＥＵレベルでの研究活動は、可能な限り有効で革新的になるように、また欧州が自らの最高の頭脳に魅力的な展望を与えられるようによりよく統合し、調整されねばならない。条約に基づく手段や任意の協定を含むその他すべての適当な手段が十分に研究され、柔軟で分権的で非官僚的な方法でこの目的が達成されねばならない。同時に技術革新や着想は新しい知識集約経済内部で、特に特許権保護により適切な報酬が与えられなければならない。

一三　欧州理事会は、理事会と欧州委員会、適切な場合には加盟諸国をも含めて、欧州研究エリアの建設の一部として必要な措置をとることを要望する。すなわち

―加盟諸国の研究・開発（R&D）に当てられる共同資源をより有効に利用するために、自由に選択された諸目的に関し自発的に一国規模および共同研究の計画のネットワーク構築に適した機構を作り上げ、さらにそこで達成された成果を定期的に理事会に報告し、優れた技術の普及を促進し、二〇〇一年までにすべての加盟国で卓越する研究・開発計画を策定すること。

―課税政策、ベンチャー資本、欧州投資銀行の支援を利用することで民間研究投資、研究・開発協力、ハイテクノロジーの投資環境を改善すること。

―基準的な各国の研究・開発政策の調整の開かれた方法の開発を促進し、二〇〇〇年六月までに様々な分野、特に人的資源の開発に関する成果の評価指標を確定し、二〇〇一年までに欧州技術革新のスコアボードを導入すること。

―二〇〇一年までに欧州投資銀行の支援で電子科学通信用の欧州横断高速ネットワークの創出を促進し、研究機関、大学、科学図書館、科学センターそして漸次的に学校まで接続すること。

―二〇〇二年までに欧州の研究者の移動の障害を除去し、欧州の優秀な研究者を保有すること。

―二〇〇一年末までに実用新案を含む欧州共同体特許が利用できるようにし、欧州連合内の欧州共同体規模の特許権保護が、主要競争者によって与えられる特許権保護と同じように取得が簡単で安価で、その範囲も同じように広範囲になるよう保証すること。

技術革新企業、特に中小企業の起業と発展に好ましい環境を創出すること

一四　企業の競争力と活力は、投資、技術革新、企業家精神を産みだす環境にかかっている。特に中小企業の障害になる企業運営コストを低減させ、不必要な手続きをなくすためにさらに一段の努力が必要である。欧州諸機関、各国政府、地域・地方自治体は提案された諸規則のコストに特別な注意を払うとともに、この目的を念頭に置いて常に企業と市民との対話を続けなければならない。また技術革新ネットワークの重要な接点、特に企業、金融市場、研究・開発、職業訓練機関、コンサルタント・サービス、テクノロジー市場の間の接点を活性化するために特別な行動が必要である。

一五　欧州理事会はこの分野で開かれた調整方法が適用されなければならないと考え、次のように要請する。

―理事会と欧州委員会が二〇〇〇年六月までに期間、会社設立関連費用、ベンチャー資本の投資額、企業数と科学大学院生の数、訓練機会などの問題に関する基準的な調査を開始すること。この調査の最初の結果は二〇〇〇年一二月までに提出しなければならない。

―欧州委員会は、この調査の触媒として重要な役割を果す「二〇〇一～二〇〇五年の企業と企業家精神のための五カ年計画」とともに、企業、技術革新、開かれた欧州に関する情報を速やかに提出すること。

―理事会と欧州委員会は、二〇〇〇年六月に承認される、加盟諸国が欧州における雇用創出の主要な原動力としての小企業に関する上記の諸措置に注目し、かつ特にこれらの企業のニーズに対応することを求める小企業に関する欧州憲章を起草すること。

—理事会と欧州委員会は、二〇〇〇年末までに企業の起業、ハイテク企業、零細企業、欧州投資銀行が提案しているその他のベンチャー資本の起業支援のため投資の再検討のために、現在行なわれている欧州投資銀行や欧州投資基金（ＥＩＦ）の金融措置の見直しについて報告すること。

成熟し完全に機能する国内市場を目指す経済改革

一六　若干の部門の国内市場を成熟させ、業績の低いその他の部門を改善し、企業や消費者の利益を保証するために速やかな行動することが必要である。もし市場自由化の完全な利益を飛躍的に伸ばそうと思うならば、ヘルシンキ欧州理事会で承認された国内市場戦略に基づき現在行われている見直しと改善の有効な枠組みもまた不可欠である。さらに競いあう国内市場分野で、企業が成長し有効に機能するために不可欠なことは、公正で等しく適用される競争規則と国家補助規則である。

一七　したがって欧州理事会は、理事会と加盟諸国がそれぞれ自らの権限に基づき下記のことを行なうよう、欧州委員会に要請する。
—二〇〇〇年末までにサービス障壁を撤廃する戦略を策定すること。

—ガス、電気、郵便、運輸などの諸分野の自由化の促進。同様に空域の利用と管理に関して理事会は欧州委員会が可能な限り速やかに自らの提案を推進するよう要請すること。その目的は、これらの分野で完全に機能的な国内市場を実現するためである。欧州理事会は来春に会合した時に欧州委員会報告と適切な提案に基づいて、達成された進歩を評価する。

—二〇〇二年までに新規則が施行できるように、公共調達規則を改正し、特に中小企業が利用しやすいように、近く予定されている提案に関する作業を適時に完了すること
—二〇〇三年までに共同体や政府の調達をオンラインで行うことができるよう必要な措置を取ること。
—二〇〇一年までに、各国と共同体の両レベルで、公的行政の能率を含め調整を簡素化するために、行動調整を強化する戦略を策定すること。これには加盟諸国が共同体の法制度を国内法への導入するために新たな措置が必要になる場合の確認分野が含まれている。
—競争を促進し、国家補助の全般的水準を引き下げる努力を一層推進し、重点を個々の企業や分野に対する支援から雇用、地域開発、環境、職業訓練、研究などのような欧州共同体全体の諸目標の解決の方に移行すること。

一八　成長、雇用、社会的包含（social inclusin）のような野心的な目標の達成を不可欠なのは、広範な構造改革である。主要な分野はカーディフ首脳会議の過程で補強されることが理事会によってすでに確認されている。したがって欧州理事会は理事会に、構造改革指標に関する作業を促進し、二〇〇〇年末までに報告するよう懇請している。

一九　欧州理事会は、国内市場や知識集約経済の枠組みの中で、一般経済のためのサービスやこの種のサービスの提供に従事する企業に関する条約の諸条項を十分に考慮に入れることが不可欠であると考える。欧州理事会は、欧州委員会にこの条約に基づく委員会の一九九六年情報を書き換えるよう要請する。

有効な統合された金融市場

二〇　有効で透明な金融市場は資本のよりよい配分やそのコストの引き下げにより、成長と雇用を促進する。それゆえにそのような金融市場は、新しいアイデアを刺激し、企業家文化を支援し、新テクノロジーの利用の促進に不可欠な役割を演じている。ＥＵの金融市場の統合を推進するためにユーロの潜在能力を探究することが極めて重要である。さらに有効なベンチャー資本市場は技術革新的な高成長の中小企業と新しい持続的な雇用創出において主要な役割を演じる。

二一　金融サービスのための国内市場の成熟を促進するために、下記の諸措置を取ること。

—金融サービス行動計画が左記の優先行動を考慮に入れて二〇〇五年までに施行されるように厳しい日程を設定すること——すなわち、発行者のための「単一パスポート」による中小企業を含めＥＵ規模の投資資本の可能な限り広範な取得を容易にすること、年金基金の投資に対する障壁を除去し統合市場へのすべての投資家の参加を容易にすること、公債発行一覧表（debt issuing calenders）、技術、方法に関する審議と透明性の増大による金融市場の統合の一層の深化と国債市場の機能の改善、多国間の販売・買戻し市場の機能の改善、企業の財務諸表の比較可能性の増大、ＥＵ金融市場の調整者の協力をより一層の強化することがそれである。

—二〇〇三年までにベンチャー資本行動計画の完全な施行を保証すること。

—欧州金融市場の機能と安定性を向上させるために、株式公開買付けや信用機関のリストラや解散に関する長期的諸提案の審議を促進すること。

――ヘルシンキ欧州理事会の結論に基づき、懸案の税制関連一括提案の結論を出すこと。

マクロ経済政策の調整―財政整理、公共金融の質と持続可能性

二二　マクロ経済政策は、マクロ経済の安定性を維持し、成長と雇用を刺激するとともに、知識集約経済への移行を促進しなければならない。それには構造政策に対する役割の強化が含まれている。ケルン首脳会議の過程に基づくマクロ経済の対話は各国それぞれの立場と制約を理解するために、すべての関係者間の信頼関係を創出しなければならない。成長によってもたらされた機会は、より積極的に財政整理を追求し、公共財政の質と持続可能性を向上させるために使用しなければならない。

二三　欧州理事会は、理事会と欧州委員会が、既存の手続きを利用して、二〇〇一年春までに成長と雇用に対する公共財政の貢献を評価し、さらに比較データや指標に基づき、左記の諸目的を達成するために適切で具体的な措置が取られているか否かを評価する報告書を提出することを要求する。

――労働、特に比較的未熟練で低賃金労働に対する税金の圧力を軽減し、課税や給付制度対する雇用と訓練のインセンティブを改善すること、

――資本蓄積――物的・人的――の相対的重要性を増大させ、研究、開発、革新、情報技術を支援する方向に公共支出を転換すること、

――「社会的保護に関する上級作業グループ」が作成した報告書にかんがみ、人口高齢化のインパクトを含む種々の関係諸次元を検討し、公共金融の長期的な持続可能性を保証すること、

人材投資と活動的な福祉国家建設による欧州社会モデルの近代化

二四　人間は欧州の主要な資産であり、ＥＵの諸政策の中心点でなくてはならない。人間への投資と活動的で精力的な福祉国家へ発展させることは、知識経済における欧州の地位にとっても、このニュー・エコノミーの出現によって現在ある失業、社会的排除、貧困などの諸問題を免罪することのないよう保証するためにも不可欠になるだろう。

知識集約社会の生活と労働のための教育と職業訓練

二五　欧州の教育と職業訓練制度は、知識集約経済ニーズと雇用の水準と質の向上の要求の双方に適合しなければならない。それらの制度は、人生のそれぞれの諸段階、若い人々、失業中の成年、雇用はされているが自分たちの技能が急速な発展に立ち遅れるおそれのある人々などのグループに適合する学習、訓練の機会を提供しなければならない。この新しいアプローチは、次の三つの構成要素を持たなければならない。それは地域的な学習センターの創設、新しい基本的技能、特に情報技術の向上、資格の透明性の向上である。

二六　したがって欧州理事会は、それぞれの憲法上の諸規定に基づく加盟諸国、及び理事会、欧州委員会が自らの権限の範囲内で、左記の諸目標を達成するために必要な措置を取ることを要求する。

—人的資源の一人当たり年投資額の大幅な増加

—中等教育前期の教育や職業訓練しか受けない一八歳から二四歳までの人々の数を二〇一〇年までに半減させること。

—学校や職業訓練センターは、すべてインターネットで接続し、広範囲な目標グループを処理するのに最適の方法を利用し、すべての人々が利用できる多目的地域学習センターに発展させなければならない。学校、職業訓練センター、企業、研究施設の相互間に、相互の利益のために学習協力体制を確立しなければならない。

—生涯学習を通じて、新しい基本的技能、すなわちＩＴ技能、外国語、技術文化、企業家精神、社会的技能などを提供するための欧州的枠組みを定義しなければならない。ＥＵ全体を通じて情報通信能力を向上させるために、証明書発行手続きを分権化し、基本的ＩＴ技能に対する欧州共通修業証書を発行する体制を確立しなければならない。

—二〇〇〇年末までに、既存の欧州共同体計画（ソクラテス、レオナルド、ユース）を最も有効に利用し、障害を除去したり、また資格、研究、職業訓練期間の認定における透明性の増大を通じて、学生、教員、職業訓練、研究者の移動性を向上させる手段を規定し、二〇〇二年までに教員の移動の障害を除去し、高い質を持つ教員を誘致すること。

—取得した知識の評価を助け、移動を容易にするために、教育、職業訓練施設と使用者の双方が自発的に使用される欧州共通の規格を持つ履歴書を開発しなければならない。

二七　欧州理事会は、理事会（教育）がルクセンブルク及びカーディフ首脳会議の過程に貢献し、かつ二〇〇一年春の欧州理事会に比較的広範囲の報告書を提出するために、各国の多様性を尊重しつつ共通の関心と優先課題に焦点をあて、教育制度の未来の具体的な諸目標に関する一般的な考察を開始するよう要請する。

欧州のためのより多く、より良い雇用―積極的な雇用政策の発展

二八　ルクセンブルク首脳会議の過程により、共同体レベルでの雇用ガイドラインを策定し、かつそれらのガイドラインの各国雇用行動計画への適用に基づき、欧州が失業を大幅に減らすことができるようになった。中期的な見直しは、他の関連政策分野とのより密接な関連を確立し、種々の諸要因に対しより有効な処置を規定することにより、またこれらのガイドラインを豊富化し、より具体的な諸目標を規定することにより、この宣言に対して具体的な刺激を与えなければならない。社会的パートナーは、適切なガイドラインを起草し、施行し、追求しなければならない。

二九　このような関係において、左記の四つの重要分野を処理するために、理事会と欧州委員会が招待される。

―特に雇用サービス機関に雇用と学習機会に関する欧州規模のデータ・ベースを備えさせ、失業している人々の技能格差をなくすことができる特別計画を促進することにより、就職能力を高め、技能格差を減少させること。

―革新と生涯学習に関する社会的パートナー間の協定の奨励、労働時間と雇用ローテーションのフレキシブルな管理、生涯学習と適応性の間の相補性の追求、また特に進歩的な企業に対する欧州賞の採用などにより、欧州社会モデルの基本的要素として生涯学習により高い優先権を与えること。これらの諸目標に対する進歩を基準にしなければならない。

―大きく不足している人的雇用を含むサービス業における雇用の増大。最も恵まれない人々に対す

る適切な解決策とともに、民間、公的または第三セクターのイニシアチブを含むことができる。
—職業の分離を減らし、労働生活と家族生活の両立を容易にし、特に保育設備の改善の新たな基準を決定することなどを含めて、機会均等のあらゆる側面を促進すること。

三〇　欧州理事会の考えでは、これらの措置の全体的な狙いは、利用できる統計によると、現在平均六一％の雇用率を二〇一〇年までに七〇％近くまで、また女性の雇用率を現在の五一％から二〇一〇年までに六〇％以上まで引上げることでなければならない。加盟諸国は、出発点がそれぞれ異なるので、雇用率増大の各国の目標を設定することを考えなければならない。これは労働力を拡大することにより、社会保護制度の持続可能性を強化するだろう。

社会的保護の近代化

三一　欧州社会モデルは、その社会的保護の発達した制度とともに、知識集約経済への転換を支えなければならない。だがこれらの制度は、活動的な福祉国家の一部として労働が利益になることを保証し、人口の高齢化に対応して長期の持続可能性を保証し、社会的包含（social inclusion）と男女両性の平等を促進し、良質の保健サービスを提供するために改革されねばならない。欧州理事会は、この挑戦が共同の努力の一部としてよりよく処理することができることを自覚し、理事会に次のことを要請する。
—この分野における基本的手段である改良された情報技術ネットワークに基づく経験の交換と最良の実践に基づき加盟諸国間の協力の強化

――経済政策委員会が行なった研究を考慮に入れて、「社会的保護に関する上級作業グループ」がこの協力を支援すること、なによりもまずこのグループの最優先課題として、二〇二〇年までに、必要な場合にはそれ以降になっても、種々の時点の枠組みの年金制度の持続可能性に特別な注意を払いつつ、長期的観点から社会的保護の未来の発展に関する研究を準備することを委任する。

社会的包含（social inclusion）の推進

三二　ＥＵ内に貧困ライン以下や社会的排除の下で生活している多数の人々がいることを容認することはできない。本年末までに理事会が合意した適切な目標を設定することにより貧困の根絶に決定的なインパクトを与える措置を取らなければならない。「社会低保護に関する上級作業グループ」は、この作業に包含されることになる。新しい知識集約社会は、成長と雇用の水準を高めることにより、より大きな繁栄のための経済的諸条件を創出するとともに、社会参加の新たな方法を開くことにより、社会的排除を減らす巨大な可能性を与える。同時に知識集約社会は、この新しい知識を利用しうる人々と、それから排除されている人々との間の格差がますます広がるというリスクをもたらす。このリスクを回避しこの新しい可能性を最大化するために、技能を向上させ、知識と機会のより広い利用と失業との闘いを促進する努力を行なわねばならない。社会的排除に対する最良の保護手段は職である。社会的排除と闘う政策は、各国の行動計画と二〇〇〇年六月までに提出されるこの分野における欧州委員会の協力の発議権を組み合わせる開かれた調整方法に基づかねばならない。

三三　特に欧州理事会は、理事会と欧州委員会に左記のことを要請する。

―共通に合意された指標に基づき、継続的な対話と情報交換と最も有効な実践による社会的排除に関するより良き理解の促進。「社会的保護に関する上級作業グループ」はこれらの指標の作成に包含されることになる。

―加盟諸国の雇用、教育、職業訓練、保健、住宅政策における社会的包含の促進を支配的な傾向（mainstream）にすること。これは欧州共同体レベルで現在の予算枠組みの中の構造基金に基づく行動により補完される。

―特別な目標グループ（例えばマイノリティ・グループ、子供、高齢者、障害者）に対する優先的措置を実施すること。加盟諸国とともに自らの特別な状況に応じてそれらの行動の間で選択し、その後にその実施状況について報告すること。

三四　欧州理事会は、現在の幾つかの結論を考慮に入れ、様々な関係当事者たちの発議を含め、一二月のニースの欧州理事会で欧州の社会的課題に関し合意に達することを目指し、欧州委員会通信に基づき社会政策の未来の政策進路に関する自らの反省を追求する決意である。

決定を実践へ――より一貫し体系的な取組みへ

既存の決定の改革へ

三五　新たな過程は必要ない。現在の「広範な経済政策ガイドライン」（Broad Economic Policy Guideline）や、ルクセンブルク、カーディフ、ケルン首脳会議の過程は、もしそれらが理解しやすくまとめられ、よりよく調整されれば、特に「広範な経済政策ガイドライン」の作成に貢献するその他の理事会の行動によって必要な手段を与える。さらに「広範な経済政策ガイドライン」は、ますます構造政策の中長期的意義と経済成長の可能性、雇用、社会的包含や知識集約社会への移行に集中しなければならない。カーディフとルクセンブルク首脳会議の過程により、より詳細に自らのそれぞれのテーマを取り扱うことが出来るようになるだろう。

三六　これらの改革は、全体的な一貫性を保証する卓越した調整的な役割を演じ、かつ新しい戦略目標を目指す進歩の有効な監視を行なう欧州理事会によって支持されることになろう。したがって欧州理事会は毎年春に経済、社会問題を対象とする会議を開くつもりである。そのためにその会議の前後に準備会議を配置しなければならない。欧州理事会は、雇用、技術革新、経済改革、社会的包含に関して合意すべき構造的指標に基づき、進歩に関する総合的年次報告書を起草することを欧州委員会に要請する。

新しい開かれた調整方法の実施

三七　戦略目標の実施は、最も有効な実践を広げる手段として新しい開かれた調整方法を適用し、かつＥＵの主要な諸目標へのより大きな収斂を達成することによって容易にされるだろう。この方法は、加盟諸国が漸次的に自分自身の諸政策を展開することを助けるために計画されているが、それには次のことが含まれている。

―ＥＵのガイドラインを、各国が短期、中期、長期的に定めた諸目標を達成する特殊な時間表とともに決定すること。

―適切な場合には、世界最高で最良の実践を比較する手段として、異なる加盟諸国ニーズに適合した量的、質的指標と基準を決定すること。

―国家的、地域的相違を考慮に入れ、特殊な諸目標の設定と手段の採用により、これらの欧州ガイドラインを国家的、地域的政策に適用すること。

―相互の学習過程として組織された定期的監視、評価、視察検査。

三八　権限委譲の原則に基づき、完全に分権化された取組みが適用され、ＥＵ、加盟諸国、地域的、地方的諸機関、社会的パートナー（労使）、市民社会などが、さまざまな形態の協力関係を利用して積極的に参加するだろう。様々なプロバイダー、ユーザー、すなわち社会的パートナー、企業、ＮＧＯとネットワーク接続する欧州委員会が、改革を管理する最良の手段を基準化する方法を助言する。

三九　欧州理事会は、生涯学習、作業編成、機会均等、社会的包含、持続的発展の最良の実践に関する、企業の社会的責任の考え方に対して特別なアピールを行なう。

四〇　欧州雇用協定の内容を強化するため、ルクセンブルク、カーディフ、ケルン首脳会議の過程に対する種々の関係者の貢献を評価し、欧州連合諸施設、機関、社会的パートナーが参加する高級レベルのフォーラムが六月に開催される。

必要な手段の動員

四一　新しい戦略目標の達成は、主として民間部門と公私協力関係いかんにかかっている。それは市場が利用しうる資源の動員と加盟諸国の努力にかかっている。ＥＵの役割は、知識集約経済への移行のために利用しうるすべての資源を動員するための有効な枠組みを確立することにより、、またアジェンダ（課題）二〇〇〇を尊重しつつ、既存の共同体の政策に基づくこの努力に貢献することにより、この過程での触媒として活動することである。さらに欧州理事会は、欧州投資銀行が人的資本形成、中小企業、企業家精神、研究開発、情報技術、電気通信、技術革新のネットワークの諸分野で準備している貢献を歓迎する。「革新二〇〇〇イニシアティブ（Innovation 2000 Initiative）」とともに、欧州投資銀行は、中小企業に関するベンチャー資本の活動に利用するために別に一〇億ユーロを作る計画と、優先的地域のために次の三年間に一二〇億ユーロから一五〇億ユーロの貸付計画を推進しなければならない。

あとがき

私が『欧州統合と新生ドイツの政治再編』を刊行してから六年以上経った。この本は、「ベルリンの壁」の崩壊直後のドラスチックな東西ドイツ統一の過程を、ソ連のペレストロイカや欧州統合の進展、さらにはドイツ社民党（ＳＰＤ）の政治路線の発展と関連させて考察したものである。それ以降、特に九六年から九八年にかけて西欧の政治情勢の激変が始まった。欧州連合の大国であるイタリア、イギリス、フランス、ドイツに次々と社会民主主義政党を中心にする中道左派政権が樹立され、欧州社会党が新保守主義に代わって西欧政治の中心に躍り出たのである。

だがそれ以後の欧州社会党のたどった道は、必ずしも順調なものではなかった。九九年になると欧州議会選挙における欧州社会党の敗北、オーストリアにおける右派政権の成立、イタリアにおけるダレーマ政権の退陣などが続いた。

だがＥＵにおける欧州社会党の主導権は、欧州通貨統合後の西欧経済の好調にも支えられて依然として揺らいでいない。このような西欧社会民主主義の強さの要因の一つは、本書に紹介したような経済グローバル化やＩＴ革命をめぐる意見の相違を欧州連合、政府、党、ＮＧＯなどあらゆるレベルで公然と論争し、合意に基づき一致した行動を展開するという成熟した政治的態度である。

今春、東京においてエーベルト財団東京事務所主催でシンポジウムが開かれ、ドイツ連邦議会の副議長を務めるSPDの女性国会議員のドイツ統一後一〇年の歩みに関する報告を聞く機会があった。その時、彼女は報告の最後に「私たちの祖父の世代は武器を執って戦った。だがその孫の世代の私たちはいまブリュッセルで欧州の未来を建設する仕事に日夜没頭している」と述べた。この言葉は、非常に感動的だった。なぜなら、もし第二次大戦後に欧州統合事業が始まらなかったとしたら、恐らく西欧の現状は今とは全く違った様相を呈していただろうからである。民族・人種・領土紛争の頻発、民族的憎悪の拡大と国家紛争への発展、国家紛争の全欧州規模への拡大という、かつての欧州の病根が再発する危険から免れることができなかったと思う。ユーゴスラビアのボスニア・ヘルツェゴビナやコソボの悲劇はそれを示唆している。

ひるがえって今の日本の現状を省みた時、いまだに日中戦争や太平洋戦争においてアジア民衆に与えた莫大な被害に対して国家に誠意ある謝罪も戦後補償も行なわせることができない日本人は、このSPDの女性国会議員のように誇らしげに発言することができるだろうか。また日本の政治家たちは、二一世紀の日本の進路や、経済グローバル化やIT革命についてブレアやジョスパンやラフォンテーヌのように公然と自由闊達な議論を展開したうえで政策を決定しているのだろうか。また日本の左翼は、ソ連・東欧の「現存社会主義」の崩壊後に二〇世紀社会主義を総括し、その経験を二一世紀に生かす努力をしているのだろうか。ここに紹介した西欧左翼の論争が、未来の日本の進路を論ずる際の参考になることを念じてあとがきとしたい。

二〇〇〇年九月

柴山健太郎

柴山健太郎（しばやま・けんたろう）
労働運動研究所常任理事・現代欧州政治論
1927年　東京で生まれる
1949年　旧制学習院高等科文科卒業
同　年　東京大学文学部独文学科入学
1952年　同大学中退
1969年　労働運動研究所創立に参加。代表理事。現在、常任理事。

著・訳書
「独占運動とたたかう農民運動」（共著、三一書房、1956年）
「お菓子の経済学」（三一書房、1959年）
「農民運動の基本問題」（共著、三一書房、1960年）
「日本農民運動史」（共著、東洋経済新報社、1961年）
「牛乳の経済学」（共著、法政大学出版局、1962年）
「勝海舟全集15　開国起源１　補注付」（現代語訳、講談社、1973年）
「労働者支配制」（共訳、三一書房、1975年）
「鹿島巨大開発」（御茶の水書房、1976年）
「90年代の社会民主主義」（共著、日本評論社、1990年）
「少子化社会と男女平等」（共著、社会評論社、1993年）
「欧州統合と新生ドイツの政治再編」（社会評論社、1994年）
「20世紀社会主義の意味を問う」（共著、御茶の水書房、1998年）
その他、現代ドイツ・欧州政治関係の翻訳、論文多数。

グローバル経済とＩＴ革命──ヨーロッパ左翼の挑戦

2000年11月15日　初版第１刷発行

編　著──柴山健太郎
装　幀──桑谷速人
発行人──松田健二
発行所──株式会社 社会評論社
東京都文京区本郷2-3-10
☎ 03(3814)3861　FAX 03(3818)2808
http://www.netlaputa.ne.jp/~shahyo/

印　刷：スマイル企画＋東光印刷＋平河工業社
製　本：東和製本

ISBN4-7845-0391-9